新世纪中职中专精品课程教材

U0883338

主　　编　毛如君
副 主 编　马丽娟
参编人员　左　楠　吴文艳　张玲玲

兰州大学出版社

ZHEXUE YU RENSHENG

哲学与人生

Xinshiji Zhongzhizhongzhuan Jingpinkechengjiaocai

图书在版编目（CIP）数据

哲学与人生 / 毛如君主编. -- 兰州 : 兰州大学出版社，2016.7（2019.7重印）
ISBN 978-7-311-04975-1

Ⅰ. ①哲… Ⅱ. ①毛… Ⅲ. ①人生哲学－中等专业学校－教材 Ⅳ. ①B821

中国版本图书馆CIP数据核字(2016)第190733号

策划编辑 张国梁
责任编辑 刘爱华
封面设计 陈 文

书 名 哲学与人生
作 者 毛如君 主编
出版发行 兰州大学出版社 （地址:兰州市天水南路222号 730000）
电 话 0931-8912613(总编办公室) 0931-8617156(营销中心)
0931-8914298(读者服务部)
网 址 http://press.lzu.edu.cn
电子信箱 press@lzu.edu.cn
印 刷 甘肃春宇印务有限公司
开 本 787 mm×1092 mm 1/16
印 张 14.5
字 数 271千
版 次 2016年8月第1版
印 次 2019年7月第3次印刷
书 号 ISBN 978-7-311-04975-1
定 价 28.00元

前言

哲学是关于世界观的学问，世界观是人们对世界的根本看法。

我们每个人都有自己的世界观，在处理每件事情时都包含着支配自己行为的价值观和人生观。当一个人怎样想，如何做，做何种选择时，实际上都是价值观和人生观在发挥作用，支配着我们的行为。人生观和价值观归根结底就是世界观，有什么样的世界观，就会有什么样的人生观和价值观。

人们通常所具有的世界观是自发的、经验的、零散的，而不是自觉的、理论的、系统的，这就须要我们学习哲学。哲学是理论化、系统化的世界观，学习哲学，可以使我们的世界观由自发转向自觉，由经验转向理论，由零散转向系统，从而启迪我们的思维，拓宽我们的视野，指导我们的实践，提升我们的人生境界。

我们每个人在一生当中，都会遇到或者面对生与死、福与祸、成与败、荣与辱、善与恶、美与丑等诸多问题。哲学总是运用自己独特的眼界来认识和看待这些问题，从个别中看到一般，从对立中看到统一，从肯定中看到否定，从有限中看到无限。哲学可以让我们懂得乐极生悲，福祸相依，否极泰来，柳暗花明等等事物转化的道理，哲学总是以一种反思的精神、批判的态度理解生活，把握人生。

如果说宗教是关于人的死的观念，那么哲学就是关于人的生的智慧，是教人如何生活，如何生得有价值，有意义。哲学作为理论化、系统化的世界观，在探讨人与自然、人与社会的关系，探讨人的生存方式和发展规律等方面的问题时，无疑给我们提供了科学的思维方式和理论指导。学好哲学，对我们的人生具有重要的指导意义。

“哲学与人生”是中等职业学校学生必修的一门德育课程，把哲学原理与人生问题结合起来，是对哲学课程的重大创新。为贯彻落实《国务院关于加快发展现代职业教育的决定》等文件精神，进一步增强德育课的针对性、实效性和时代感，结合中职学生身心特点和思维发展规律，我们组织人员编写了《哲学与人生》。

在编写过程中，依据《教育部关于中等职业学校德育课课程设置与教学安排的意见》(教职成〔2008〕6号)中《哲学与人生教学大纲》及《甘肃省教育厅关于印发2016年甘肃省中等职业学校学生对口升学类别、科目及考试大纲的通知》(甘教职成〔2015〕15号)中《德育课程考试大纲》的相关要求，本着不脱离教学大纲、不脱离中职生的培养目标、不脱离中职生的认知水平、不脱离生活实际的原则，突出“新、特、精”三大特点。教材从头至尾，着力让学生了解马克思主义哲学的基础知识，努力探索哲学与人生发展间的密切关系，引导学生进行正确的价值判断和行为选择，帮助他们初步掌握、分析和解决人生问题的思维方法，为青少年的健康成长奠定思想基础。

本书充分考虑到中职生的思维特点，采用灵活多样的形式，通篇设置丰富多彩的教学栏目，如耳熟能详的名言警句，寓意深刻的人生故事、哲学故事，生动活泼的插图等，力求把深奥、抽象的哲学知识浅显化、具体化。同时对有些哲学领域的相关知识点采用知识链接的形式予以呈现，拓展同学们的知识面，提高学生的学习兴趣，调动学生学习的积极性。

本书共五个单元十六课，其中毛如君完成了前言、第一单元、第二单元共七课的编写，并负责全书的统稿工作；马丽娟完成了第三单元共三课的编写工作；左楠完成了第四单元第十一、十二课的编写工作；张玲玲完成了第四单元第十三课的编写工作；吴文艳完成了第五单元共三课的编写工作。在教材编写过程中，得到了天水市卫生学校政治教研室其他老师的支持和帮助，在此一并感谢！

在本书的编写过程中，参照并引用了《哲学与人生》其他版本及相关资料内容，也得到了兰州大学出版社编辑老师们的大力帮助，在此一并致谢。尽管编写者尽了最大努力，但由于水平有限，书中肯定有诸多失当或不足之处，希望各位师生在使用过程中，提出宝贵意见，以便今后修订提高，更加符合教学的要求。

毛如君

2016年6月

目录

第一单元

坚持一切从实际出发　脚踏实地走好人生路

第二单元

用辩证的观点看问题　树立积极的人生态度

第三单元

坚持实践与认识的统一　提高人生发展能力

第四单元

顺应历史潮流　树立崇高理想

第五单元

在社会中发展自我　创造人生价值

第一单元

坚持一切从实际出发 脚踏实地走好人生路

导语

人生道路离不开哲学智慧，哲学中的许多智慧也来源于对人生的认识和感悟。马克思主义哲学带领我们认识所处的世界，教给我们正确认识世界和改造世界的方法。物质世界五彩缤纷，每个人的人生道路也各不相同。面对精彩纷呈的客观世界时，人们总是想探索宇宙的奥秘，解答人生的难题，追求理想的人生。世界的无限多样性为我们人生发展提供了多种可能性，每个人都能从中选择一条适合自己的人生道路。在具体的社会实践中，运用马克思主义哲学指导我们的人生道路，就要一切从实际出发，实事求是。人生选择要善于分析自身所处的客观实际，遵循规律，将发挥自觉能动性和尊重利用客观规律相统一，积极进取，脚踏实地地走好人生的每一步，创造和享受成功的人生。

第一课　哲学与哲学基本问题

名人名言

哲学不是在世界之外，就如同人脑虽然不在胃里，但也不在人体之外一样。

——马克思

一、哲学的本义

生活中处处有哲学，我们留心观察就会发现人们的日常生活、职业生活、社会生活乃至治国安邦都离不开哲学。在汉语中，"哲"解释为有智慧的意思，古往今来智慧卓绝之人被人们称之为哲人，由于哲学是一门高深莫测的学问而把哲学称之为"玄学"或"形而上学"。

知识链接

希腊三贤

苏格拉底(前469—前399)，古希腊哲学家、教育家。出生于雅典的石匠兼雕刻匠家庭。他常常到大街、运动场等一些公共场所与人讨论问题，后来被统治阶级以"不敬国家所奉的神，并且宣传其他的新神，败坏青年"的罪名逮捕，最终在狱中服毒自尽。他常常说"我知道我一无所知"，主张承认自己无知的人才是有智慧的，致力于道德教育，并且倡导人们认识自我，提出"知识即美德"。

柏拉图(前427—前347)，古希腊哲学家、思想家。出生于雅典的一个贵族家庭。他和他的老师苏格拉底、学生亚里士多德并称为"希腊三贤"。柏拉图是西方客观唯心主义的创始人，提出世界的本原是"理念"，现实中的事物都是"理念"的影子或者摹本，主张人们的认识都是来源于对"理念"的回忆。柏拉图的哲学思想对后世产生了巨大的影响。

亚里士多德(前384—前322),古希腊哲学家、科学家。出生于色雷斯的斯塔基拉的一个中产家庭里,是柏拉图的学生,亚历山大大帝的老师。他是古希腊哲学家中最博学的人,不仅在哲学领域创立了形式逻辑这一重要分支学科,并且作为百科全书式的科学家在天文、物理、生物、逻辑、教育、政治、医学等方面都有贡献,他的代表作有《形而上学》《工具论》《物理学》《政治学》《诗学》《伦理学》等。

哲学的含义是"爱智慧、追求智慧",因此,哲学也被称之为"爱智之学",即给人智慧、使人聪明的学问。正如马克思所说,哲学是现世的智慧,是"文化的活的灵魂"。但是并非所有的哲学都能使人聪明。荒谬的哲学观点会将人们引入歧途,科学的哲学理论才能赋予我们人生智慧。哲学的智慧并非仅仅依靠人们的主观情绪就能产生,而是在人们认识世界、改造世界的实践活动中,在处理人与外部世界关系的实践活动中逐渐形成和发展起来的。

二、哲学与世界观、方法论

(一)哲学是关于世界观的学问

世界观人皆有之,马克思在他的中学毕业论文《青年在选择职业时的考虑》中确立了自己为人类谋福利的崇高志向,他写道:"如果一个人只为自己劳动,他也许能够成为著名学者、大哲人、卓越诗人,然而他永远不能成为完美无瑕的伟大人物……如果我们选择了最能为人类谋福利的职业,那么,重担就不能把我们压倒,因为是为大家而献身,那时我们所感受到的就不是可怜的、有限的、自私的乐趣,我们的幸福将属于千百万人,我们的事业将默默地、但是永恒发挥作用地存在下去。"人们在社会生活实践中,总会自觉不自觉地思考与自己相联系的世界,思考与自己相联系的人和事,并用思考中形成的观念来指导自己的生活和实践。但这些都是对世界某一方面和问题的具体看法和观点。随着社会生活、实践活动的不断扩大和深入,人们的经验和知识在积累、眼界在逐步开阔、抽象思维能力在提高,这些具体的观点、看法、知识和经验积累到一定的程度就会发生质的飞跃,从而形成关于世界的本质、人与周围环境、人和人之间关系的总的看法和观点,这就是我们通常所说的世界观。

(二)哲学是理论化、系统化的世界观

所谓世界观,就是人们对包括自然界、社会、人类思维在内的整个世界以及人与世界关系的总体的看法和观点。哲学是关于世界观的学说,世界观人皆有之,但不能说人人都是哲学家。一般人的世界观都是在社会生活实践中自发形成的零散的、不系统的,并且没有上升到理论的高度,因而它不是哲学。哲学是少数哲学家经过创造性思维活动,依据一定的自然、社会、思维知识,将自发形成的不系统的世界观用理论的形式加以高度概括抽象,通过一系列的哲学概念、范畴和系统的逻辑论证而构成的思想体系。这和人们在社会生活实践活动中自发形成的零散而又不系统的世界观既相区别又相联系。因此,我们要反对哲学简单化的观点,反对把零散不系统的世界观当作哲学学说。

宗教也是一种世界观,认为世界是由神创造的,神使用超自然的力量支配着世界。但是宗教不是理论化、系统化的世界观,而是一种迷信体系。哲学立足于理论论证,是通过一系列的逻辑论证建立起来的思想体系,而宗教则是通过人们对神灵的信仰和崇拜来支配人们命运的一种社会意识形态。如果说哲学诉诸于沉思的理性,那么宗教则使人沉醉于狂热的感情。

(三)哲学既是世界观又是方法论

哲学故事

船夫和哲学家

有一天,一位哲学家搭乘船夫的小船随船感受自然思考哲学问题。在船上哲学家傲慢地问船夫:“你学过历史吗?”船夫回答:“没有,划船不需要历史知识。”哲学家轻蔑地说:“不懂历史,你的生命已经失去了一半!”接着又问船夫:“那你懂得数学吗?”船夫回答:“不懂!”哲学家这次批评道:“那你已经失去一半以上的生命了!”刚说完一阵狂风巨浪把船打翻,二人同时落入水中。这时,船夫边游泳边问哲学家:“你会游泳吗?”哲学家苦苦挣扎着说:“不会!”船夫无限同情地说:“那你现在要失去整个生命了!”

△▲想一想

哲学是智慧之学,学习了哲学就一定是掌握了智慧吗?

每个人的行动都受到世界观的支配，人们对人生道路的选择、对人生目标的追求都会受到世界观的支配和影响。世界观贯穿于人们的人生理想、信仰和抱负中，表现为一个人选择怎样做人、做一个什么样的人以及持什么态度过完自己的一生。因此，生活中人们的世界观总是表现为一定的人生观。学习哲学并不是用来束之高阁夸夸其谈的，而是要掌握哲学的智慧，运用哲学教给我们的方法论来指导我们的人生实践。如果不善于运用哲学智慧，再伟大的智慧之学也毫无用处。当人们用一定的世界观去观察事物处理问题时，世界观就有了方法论的意义。所谓方法论，就是人们在世界观的指导下认识世界和改造世界的根本方法。世界观和方法论是一个问题的两个方面。人们形成的关于世界的根本看法和观点就是世界观，再用这种世界观指导我们认识世界改造世界就成了方法论。世界观决定方法论，有什么样的世界观就有什么样的方法论。因此，哲学是世界观和方法论的统一。

知识链接

方志敏，中共党员，革命家、政治家、军事家、杰出的农民运动领袖，土地革命战争期间闽浙(皖)赣革命根据地和红十军团的缔造者。

1935年1月方志敏不幸被捕，囚于南昌国民党驻赣绥靖公署军法处看守所，他严词拒绝了国民党的劝降，实践了自己"努力到死，奋斗到死"的誓言。1935年8月6日，方志敏被秘密杀害于江西省南昌市下沙窝，时年36岁。被捕期间他在狱中仍旧投身于伟大的中国共产主义事业，写下了《可爱的中国》一文。文中鲜明地表达出他不屈不挠、英勇奋斗，为中国抗战事业奋斗终生的人生观，同时也自觉地体现出他坚定的共产主义世界观。文中写道：不错，目前的中国，固然是江山破碎，国弊民穷，但谁能断言，中国没有一个光明的前途呢？不，绝不会的，我们相信，中国一定有个可赞美的光明前途。……朋友，我相信，到那时，到处都是活跃的创造，到处都是日新月异的进步，欢歌将代替了悲叹，笑脸将代替了哭脸，富裕将代替了贫穷，康健将代替了疾病，智慧将代替了愚昧，友爱将代替了仇恨，生之快乐将代替了死之忧伤，明媚的花园将代替了暗淡的荒地！这时，我们民族就可以无愧色地立在人类的面前，而生育我们的母亲，也会最美丽的装饰起来，与世界上各位母亲平等地携手了。

三、哲学基本问题

(一)哲学基本问题是所有哲学的首要问题

从哲学产生开始,哲学家在世界的本原、世界的状况以及人与世界的关系问题上在不同时代、不同时期都有不同的回答和阐述,因此哲学史上形成了不同的哲学派别。无论是哪个哲学派别,将整个世界作为研究对象,探索研究的过程中提出许许多多的问题和看法中,最基本并且贯穿始终的便是哲学基本问题,即思维和存在的关系问题。

恩格斯说:全部哲学,特别是近代哲学的重大的基本问题,是思维和存在的关系问题。思维是指人的意识、思想、观念等主观的东西;存在是指物质、客观实在的东西。思维和存在的关系问题也就是意识和物质的关系问题。它是所有的哲学派别都不能回避的首要问题,是解决其他一切哲学问题的前提,也是划分哲学基本派别的依据。

(二)哲学基本问题的内容

哲学基本问题的内容包括两个方面。第一个方面是:思维和存在哪个是世界的本原,即哪个具有第一性、哪个具有第二性的问题;第二个方面是:思维能否正确地认识存在,即二者是否具有同一性的问题。

哲学是关于世界观的学说,就哲学的任务和性质而言决定了思维和存在的关系问题是哲学的基本问题。整个人类世界,除了思维就是存在,哲学要研究整个世界,思维和存在的关系问题是任何哲学派别都无法回避而且必须明确回答的首要问题,是解决一切哲学问题的前提。思维和存在的关系问题普遍地存在于人类的实践活动之中,决定着人们思想、行动的出发点和方向。

哲学基本问题不仅仅是哲学家们不能回避的首要问题,现实生活中的每一个人都无法回避这个问题。比如,作为一名护士,就需要处理好病人的具体病情与选用的护理技能之间的关系。病人的具体病情是第一位的,所选用的护理技能是第二位的;如果反过来,不看病人的具体病情,就直接套用护理技能那就要闹笑话了。现实生活中这样的例子还有很多,医生要处理好病情和处方的关系;法官要处理好案情与判决的关系;教师要处理好教学实际和教学计划的关系等等。

哲学故事

掩耳盗铃

春秋时期有一个小偷来到范吉射的家门口，看到范氏门口挂了一口大钟，想偷偷地把大钟背走。可是钟又大又重，怎么也挪不动。小偷想出一个办法：把钟敲碎了分批拿回去。于是小偷找来一把大锤用力地朝钟砸去，"咣——"的一声巨响把小偷吓了一跳，他心想这下糟了，别人听见钟声一响不就知道我在偷钟吗？他连忙用双臂捂住钟声，可钟声又怎么捂得住呢！钟声依然悠悠地传向远方。他越听越害怕，不由自主地抽回双手捂住自己的耳朵，这样钟声变小了听不见了。他心想既然我捂住耳朵离得这么近都听不见钟声，其他人当然就更听不见了。他立刻找来两个布团塞在耳朵里，放心大胆的砸起钟来，钟声悠扬很快传到了很远的地方，人们听到钟声后蜂拥而至把小偷抓住了。

△▲想一想

成语故事中，小偷掩耳盗铃的这种做法体现了哪一种世界观？在日常生活学习中，我们应该坚持哪种正确的世界观？

根据哲学基本问题第一个方面的不同回答，全部哲学可以划分为唯物主义与唯心主义这两个根本对立的哲学派别。古今中外哲学流派精彩纷呈、不胜枚举，但归根结底都分属于唯物主义和唯心主义这两个基本派别。唯物主义主张存在决定思维，即坚持物质第一性意识第二性，认为物质决定意识；唯心主义则主张思维决定存在，即坚持意识第一性物质第二性，意识决定物质。

根据哲学基本问题第二个方面的不同回答，又可以分为可知论和不可知论。凡是认为思维和存在具有同一性，即意识能够正确地认识物质，则是坚持可知论；相反，主张思维和存在不具有同一性，即意识不能正确地认识物质，则是坚持不可知论。可知论和不可知论都是属于哲学史上的认识论问题。

知识链接

唯物主义的三种基本形态

哲学思想早在人类原始社会时期就开始萌芽了,奴隶社会时期哲学思想已经形成了。哲学源于人类社会实践,随着人类社会实践活动的发展,以及哲学自身内在矛盾的斗争,唯物主义和唯心主义不断地改变着自己的形态。唯物主义在哲学史上经历了三个历史形态:古代朴素唯物主义、近代机械唯物主义、马克思主义的辩证唯物主义。

古代朴素唯物主义,也称为自发唯物主义。古希腊、古罗马奴隶制和中国奴隶制时期的唯物主义思想都属于这一形态。它承认世界的物质性,其主要特征是用客观存在的自然原因解释世界的本原,即把万物的本原归结为某一种或某一些具体的"原初"的物质东西,具有明显的自发性和朴素性。例如,古代朴素唯物主义的代表人物泰勒斯提出世界的本原是水;中国古代的五行学说则认为世界的本原是木、火、土、金、水五种元素。

近代机械唯物主义,又称为形而上学唯物主义,产生于16~17世纪,在18世纪的法国得到最高发展。它以近代实验科学对自然现象的实证研究得出的新知识和新成果为基础,运用科学方法论证了世界物质的统一性。它认为世界万事万物都由原子构成,原子是不可再分的最小物质单位,因此世界的本原是原子。其主要代表人物有17世纪法国的笛卡尔,英国的培根;18世纪法国的爱尔维修;19世纪德国的费尔巴哈。近代机械唯物主义推动了唯物主义的发展。但是由于当时的自然科学只能用机械的观点去解释自然界中各种不同的现象和过程,否认了其他的运动形式,因此具有机械性的缺点;其次它用孤立、静止、片面的观点解释世界,具有形而上学性;最后,它在自然观上是唯物主义观点,但是在历史观上则是唯心主义的,又具有不彻底性。

马克思主义的辩证唯物主义和历史唯物主义是马克思和恩格斯于19世纪中叶创立的,是唯物主义中最彻底、最科学的形态。它把唯物主义和辩证法结合起来,在历史领域坚持彻底的唯物主义观点,实现了辩证唯物主义和历史唯物主义的统一。

四、马克思主义哲学是科学的世界观与方法论

哲学在现实生活中虽然不能代替具体科学,成为解决问题的具体办法,但通过学习哲学我们能够掌握一般的抽象思维方法。比如,实践中相同情况下,一些人往往能对他

所接触的对象和事物迅速深入地了解，而一些人却只能在事物的表象徘徊。这是因为前者有正确的哲学思维作为指导，马克思主义哲学就是我们要坚持的正确的哲学思维，是科学的世界观与方法论。

（一）马克思主义哲学的产生是人类认识史上空前的革命

马克思、恩格斯在继承人类近代科学成果的基础上第一次将唯物主义与辩证法有机地结合起来，创立了辩证唯物主义。马克思主义哲学还从实践出发认识人和社会，把实践归结为社会生活的本质，把唯物辩证法贯穿到了社会历史领域，提出了社会存在决定社会意识的基本唯物史观原理，创立了历史唯物主义，实现了人类哲学史上最伟大的变革。马克思主义哲学是辩证唯物主义与历史唯物主义的统一。

（二）马克思主义哲学是在实践基础上的科学性与革命性的统一

知识链接

马克思主义哲学的产生

19世纪三四十年代，欧美先进国家资本主义经济迅猛发展。英国凭借着资本主义经济的发展曾一度成为“世界工厂”。获得巨额利益回报的大资本家更加疯狂地扩大生产，榨取工人阶级的剩余价值。伴随着经济繁荣而来的是整个资本主义社会的基本矛盾日益清晰地暴露出来，生产的社会化和生产资料的私人占有之间的矛盾不可调和，资本主义世界经济危机大规模和周期性地爆发，更加严重地导致了贫富两极分化，使阶级矛盾更加尖锐。资本主义国家掀起了大规模的工人运动。这促使人们开始思考资本主义社会的命运和出路，工人阶级开始认识到自身肩负的历史使命。马克思和恩格斯深入考察了资本主义社会的经济、政治和文化，投身到工人阶级的运动中，总结经验，在吸收黑格尔辩证法思想和费尔法哈唯物主义的基础上，创立了科学的唯物主义世界观。

马克思主义之所以具有科学性，是因为它以科学的实践观点为基础，强调实践是理论的来源和基础，理论来源于实践又经过实践的反复检验为实践服务。马克思主义哲学在实践的基础上创立又具有革命性，它公然申明代表世界最广大无产阶级的根本利益，成为广大无产阶级认识世界、改造世界、推翻剥削的资本主义制度、建立社会主义和共产主义社会的有利思想武器。

（三）用马克思主义哲学指导职业学习与生活

青少年是民族的未来，习近平总书记也一再强调，青年最富有朝气、最富有梦想，青年兴则国家兴，青年强则国家强。广大青年要坚定理想信念，练就过硬本领，勇于创新创造，矢志艰苦奋斗，锤炼高尚品格，在实现中国梦的生动实践中放飞青春梦想，在为人民利益的不懈奋斗中书写人生华章。当今世界范围内综合国力的较量，使各国间知识、科技和人才的竞争日趋激烈，青少年背负着国家和民族的未来，任重而道远。担当历史重任，完善自身人格，提高自我修养，学会思维、学会做人、学会做事，是时代对青少年的殷切期望和要求。同时，青少年学生能否树立正确的世界观、人生观和价值观从根本上影响着自身未来的发展。马克思主义哲学作为正确的世界观和方法论，是青少年学生应该积极学习掌握的科学和真理。

人类发展需要科学，社会进步呼唤真理。哲学里蕴含着丰富的智慧，人生包含着深刻的哲理，哲学和人生这二者你中有我，我中有你，不能将二者简单地割裂开来，就像台湾著名学者傅佩荣先生所说："的确，哲学脱离人生，将是空洞的；人生缺少哲学，将是盲目的。"因此，我们应该用哲学来引导人生，在人生中体验哲学。

人生故事

毛泽东学哲学

毛泽东是伟大的革命家，思想家，马克思主义者。他在带领中国人民进行中国革命和建设的过程中运用马克思主义基本原理指导中国具体实践，实现了马克思主义中国化。

1937年1月毛泽东来到延安，抵达延安后他坚持每个星期在自己的窑洞里开一次哲学座谈会，会中他都会认真听取每一位同志的发言，详细地做好笔记。毛泽东学习哲学的精神感染了许多革命干部和同志，在延安乃至全国掀起了学习马克思主义哲学的热潮。1937年1月至1947年3月，是毛泽东思想的成熟时期。他结合中国革命的实际撰写了100多篇哲学著作和文章，其中《实践论》《矛盾论》《论联合政府》《论持久战》《〈共产党人〉发刊词》《中国革命和中国共产党》《抗日战争胜利后的时局和我们的方针》等许多重要著作对指导中国革命在极其艰苦的条件下取得胜利指明了革命前进的方向，发挥了巨大的作用。

毛泽东同志十分注重从中国革命和建设的实践中不断地汲取营养，他常常强调哲学绝不是书斋里的东西，它与我们的生活息息相关。因此，他在学习马克思主义哲学的过程中，将马克思主义哲学和中国优秀传统文化相结合，将哲学从哲学家的书本和讲堂里解放出来，运用通俗、易懂的语言、方式传播马克思主义哲学，经常使用标新立异和幽默诙谐的语言去阐述生活中所蕴含的丰富哲学思想。如“没有调查就没有发言权”“实事求是”“一分为二”“一着不慎，满盘皆输”“不入虎穴，焉得虎子”等。

△▲想一想

毛泽东学哲学的故事对我们广大中职生学习马克思主义哲学有何启示？

马克思主义哲学的产生是人类思想智慧的结晶，也是人类认识发展到一定阶段的必然结果。学习马克思主义哲学能够帮助我们逐步树立科学的世界观、人生观和价值观，指引我们在人生道路上前进，做一个积极幸福的人。通过马克思主义哲学的学习，我们能够掌握正确的思维方法，提高科学研究的能力和分析问题解决问题的能力，做一个有智慧的人。将马克思主义的世界观和辩证法运用到我们的职业学习和生活中引领职业方向，做一个事业有成的人。学习好马克思主义哲学，掌握好这一认识世界和改造世界的知识理论体系，将使我们终身受益。

第二课　客观实际与人生选择

名人名言

在思想界和历史的每一个科学领域中，都必须从既有的事实出发。

——恩格斯

我们生活在一个纷繁复杂、绚丽多彩的世界。身处在这个既有多样性又有统一性的世界里，每个人都要面对“想做什么”和“能做什么”这两个人生问题。物质世界的客观性影响和制约着我们的人生选择，同时也为我们的人生选择提供了多种可能性。每个人所处的具体环境都各不相同，我们不可能摆脱这些具体环境随意选择，只能从自己的客观实际出发，选择一条适合自己的人生道路，一步一个脚印，通过不懈努力去实现自己的人生理想。

一、客观实际是人生选择的前提和基础

（一）一切从实际出发

1. 人生选择不能仅凭主观意志

人生的每一步都是从选择开始的，人生道路、人生目标的选择与确定对每个人的发展有着重要的影响。人生中充满着选择，每个人的人生道路都是自己选择的结果，正确的选择帮助我们赢得人生，错误的选择则会导致人生的失败。人生选择是人们在人生历程中追求人生价值时，根据一定的主客观条件，结合自身的目标和理想，在多种可能性中做出选择的实践活动。人生选择内在地包含着人的自我创造与人的主观愿望和意志，体现了每个人的人生观和价值追求。在现实生活中，人不可能仅凭主观意志做出正确选择。

知识链接

选择是指人们在一系列不确定的对象中，依据自己的计划和目标，通过分析外部客观对象，主动地对未来的发展做出的决断和选择。人生选择虽然具有自主性，但并不是意味着想选择什么就选择什么。因为，每个人的人生选择都是在特定的客观条件下进行的，现实生活中的客观条件是发展变化的，每个人能否正确地认识和把握客观条件，决定了能否做出正确的人生选择。

德国著名古典哲学家康德说：有两种东西，我对他们的思考越是深沉和持久，它们在我的心灵中唤起的赞叹和敬畏就越会日新月异，不断增长，这就是我头上的星空和心中的道德法则。康德所说的星空代表了客观世界，心中的道德法则代表了我们自身。这说明我们在人生选择的过程中，不仅需要认识我们所处的客观世界，掌握其包含的客观规律，同时也要认识我们自己，正确分析自己的能力和特点，将这两点相结合才能做出正确的人生选择，走好人生道路。

2. 客观实际是人生选择的前提和基础

世界上的事物千差万别，多姿多彩，因此人们的选择也各不相同，但这是否说明多姿多彩的物质世界没有统一性，人们的选择也可以随性而为呢？恰恰相反，物质世界有着共同的属性，即物质性。马克思主义哲学认为，世界统一于物质，物质性是各种具体客观事物的共性。人们的选择看似各不相同，但要做出正确的人生选择就要从世界的统一性原理出发，根据客观实际进行人生选择。这就要求我们想问题、办事情、选择自己的人生道路首先要做到一切从实际出发，这也是辩证唯物主义世界观的根本要求。

3. 一切从实际出发

客观实际是进行人生选择的前提和基础，要求我们进行人生选择时要做到一切从实际出发。一切从实际出发是指人们在任何时候、任何条件下都要把客观实际作为想问题、办事情的出发点。所谓客观实际就是指存在于人们意识之外的现实情况，即客观世界中事物自身的属性和规律以及事物之间的种种关系和联系。一切从实际出发，而不是从主观想象和愿望出发，这是唯物主义的思想路线，也是人们走好人生道路的前提和保证。

哲学故事

对症下药

东汉末年，州官倪寻和李延一同到华佗那儿看病。两人分别诉说了病症之后华佗发现二人的病症相同，但是，华佗分别给倪寻开了泻药、给李延开了发汗的药。两人看到药方之后疑惑不解，问道："为何我们二人的病症相同，病情一样，但开的药方却是不一样的呢？"华佗解释道："你们仅仅是病症的表象相同，倪寻的病因是由内部伤食引起的，而李延的病却是由于外感风寒着了凉引起的。我当然得根据不同的病因对症下药啊。"二人拜服，回家后各自将药煎好服下，很快都痊愈了。后来，"对症下药"这一成语，就用来比喻要从客观对象的实际情况出发正确分析和处理问题。

△▲想一想

上述成语故事体现了什么哲学原理？我们应该如何运用故事中蕴含的哲学原理指导我们的实践活动？

4.坚持实事求是的原则

一切从实际出发，必须遵循事物的客观规律，坚持实事求是的原则。坚持主观符合客观，承认事物的客观性，从事实的全部和整体出发，使自己的认识随着客观情况的变化而变化，也就是在想问题、办事情的过程中探索和把握客观事物的内在规律。

知识链接

"实事求是"最早出自《汉书·河间献王传》，是东汉著名史学家班固赞誉汉景帝之子刘德严谨治学态度的话，原文为"修学好古、实事求是"。明朝王阳明在宋代朱熹"格物便是致知""理在事中"的基础上提出了"知行合一"的哲学思想，倡导"实事求是"的学风。延安整风运动时，毛泽东以中国革命实践为基础，借用中国古典，提出了"实事求是"的口号，这一口号后来被作为党的思想路线的概括表达，同时也是马克思主义的精髓。马克思、恩格斯创立了辩证唯物主义和历史唯物主义的思想路线，毛泽东同志用中国语言概括为"实事求是"四个大字。1980年2月，邓小平在党的第十一届五中全会第三次会议上提到"实事求是，一切从实际出发，理论联系实际，坚持实践是检验真理的标准，这就是我们党的思想路线。"

“实事”就是客观存在着的一切事物,“是”就是客观事物的内在联系也就是规律性,“求”就是我们去研究探索。实事求是就是指从客观实际出发,探求事物的内部联系及其发展的规律性,认识事物的本质,从而按照事物的本质和规律指导我们的实践活动。坚持一切从实际出发、实事求是,是从世界的物质统一性原理中得到的重要结论,是辩证唯物主义的基本观点,是人们做出人生选择的基本要求、前提和依据,也是人们认识世界、改造世界的根本立足点。

哲学故事

晏子使鲁

晏子出使鲁国,孔子听说后便让自己的学生子贡去观察晏子的言行,以便从中受到教育和启发。子贡回来之后对孔子说:“晏子并非人们称赞的熟习礼节的贤明之士。”孔子问是何原因。子贡解释道:“礼书上教导我们:登阶梯时不能跨越,进献宝玉不能下跪。但是晏子的行为与礼书完全相反。”

晏子拜见完鲁国国君之后专门来拜访孔子,两人相谈甚欢十分投机,讨论到礼的问题时孔子问晏子为何在拜见鲁国国君时做出那样的言行。晏子回答道:“贵国国君礼贤下士,不仅离座相迎而且走得很快,和其他国君坐等跪拜的情况完全相反。所以,我也不敢怠慢,故越梯而行。再则,那块玉不算名贵,为报答贵国国君的礼遇之恩,故下跪进献。”

事后,孔子对学生称赞道:“晏子不仅懂得礼数,更加会根据具体情况灵活运用礼数,简直到了炉火纯青的地步啊!”

△▲想一想

上述故事中晏子的言行体现了什么哲学道理?在实际生活中我们怎样才能做到实事求是,具体问题具体分析,从客观事物的实际出发?

(二)根据客观实际选择人生道路

人生故事

重新选择,成就人生

毕业于职业学校酒店管理专业的李某,在北京某大酒店做前台接待工作,经过几年的扎实工作被提拔为领班。后来李某觉得薪水低跳槽到一家律师事务所担任个人助理,月薪高达15000元。李某在律师事务所工作了一段时间之后发现自己非常不喜欢文案工作,工作状态很差,而且自己的学历低专业又不符,以后没有什么发展前途。于是李某毅然决然地辞掉工作重新进入到酒店行业。虽然工资少了很多,但是他在工作中重新收获了职业自信心和满足感,他脚踏实地,在实际工作中钻研职业技巧提升职业能力,最后做到了酒店经理的位置,薪水比律师事务所还要高,由于职业能力强,工作业绩佳,在以后的职业生涯里还有很大的升职空间。

△▲想一想

怎样做到一切从实际出发,根据自身的客观实际选择人生道路?

客观世界精彩纷呈,每个人的人生都是与众不同的,最根本的原因是每个人的人生选择都不同。能否做出正确的人生选择对每个人一生的发展都具有重大的影响,甚至起着决定性作用。我们在人生选择时应该力求做到一切从实际出发,根据自己的客观实际进行选择,走好人生的每一步。人生的客观实际主要包括以下内容。

1.客观的社会历史条件

人生的客观实际,首先是指每个人所处的具体社会历史条件。客观的历史条件是我们做出正确的人生选择、走好人生道路的基础。现实生活中,每个人都处于具体的社会历史之中,人们生活中的社会关系、自然环境都是客观存在的,人们的社会实践活动总会受到具体社会历史条件的制约。因此,进行人生选择时我们要从所处的具体社会历史条件出发,使我们的选择顺应社会历史发展的趋势。

知识链接

《青年在选择职业时的思考》是马克思的中学毕业论文,他提到:“我们并不能够选择我们自己认为合适的职业;我们社会上的关系,还在我们有能力对它们起决定性的影响以前，已经在某种程度上开始确定了。……一个选择了自己所珍视的职业的人，一想到他可能不称职时就会战战兢兢——这种人单是因为他在社会上所居地位是高尚的，他也就会使自己的行为保持高尚。在选择职业时，我们应该遵循的主要指针是人类的幸福和我们自身的完美。”

2.个人的主观条件

个人的主观条件是我们做出人生选择的依据。能否正确分析自己的主观条件直接制约着人生选择的实现。正确地规划人生，要了解个人的体质、知识结构、兴趣爱好、价值观念、能力水平等等，这样才能做到扬长避短，更好地发挥自己的长处，找到自己前进的方向和目标，避免走弯路。

人生故事

物理界的“帕格尼尼”

名扬天下的物理学家爱因斯坦小的时候梦想成为像帕格尼尼那样伟大的小提琴演奏家。他抓住任何空余时间练琴，但是就连他的父亲都认为这个可怜的孩子没有音乐天赋，小提琴拉得太蹩脚了。

有一天，爱因斯坦去拜访一位音乐老师。他当时应老师的要求演奏了一曲帕格尼尼24首练习曲中的第三曲，简直破绽百出。相反，音乐老师并没有点评他的琴技，而是和他聊起了他最擅长的物理。交谈中，音乐老师善意而又认真地给了他人生忠告：人的能力就如人的五个指头一样不是一般齐的，要了解自己的专长，看哪一项工作更能给自己带来收获和快乐。

爱因斯坦恍然大悟，在后来的日子里他依旧练习小提琴，但再也不沉溺于帕格尼尼的梦想。多年后，他虽然没有成为像帕格尼尼一样伟大的小提琴演奏家，但是他却成为了世界著名的物理学家，堪称“物理界的帕格尼尼”。

△▲想一想

结合上述故事说明为什么爱因斯坦成为了著名的物理学家而不是音乐家？

3.人生不同阶段所具有的不同特点、情况和问题

每个人的生命旅程中都会经历童年、少年、青年、中年、老年的阶段，这是由生命规

律决定的。孔子有言:“吾十有五而至于学,三十而立,四十而不惑,五十而知天命,六十而耳顺,七十而从心所欲,不逾矩。”可见人生发展的不同阶段有其不同特点,所面临的情况和问题也不同。因此,选择人生道路时要符合特定人生阶段的特点。

人生故事

钱伟长的人生选择

钱伟长是世界著名的杰出华人科学家、教育家、社会活动家。先后担任中国多所名牌大学的校长,连续4届当选全国政协副主席。国际上以钱氏命名的力学、应用数学科研成果有“钱伟长方程”“钱伟长方法”“钱伟长一般方程”“圆柱壳的钱伟长方程”等。

1931年钱伟长听到“九一八事变”的消息时,拍案而起弃文从理,励志学造飞机大炮,振兴中国的军力。面对物理只考了5分,数学化学加起来考了20分的成绩,他废寝忘食极度用功,终于一年后数理课程都超过70分,从此钱伟长迈进了科学的大门。他写的论文《弹性板壳的内禀理论》被爱因斯坦赞赏并感叹:这位中国的青年解决了困扰我多年的问题。

1945年,钱伟长又做出了一次人生选择。他获得了美国留学机会,但是美国人出了一道考题:中国和美国打仗的时候,您忠于中国还是美国?他毅然决然地放弃了美国留学的机会并说永远忠于自己的祖国。

1977年以后,钱伟长在祖国各地做了数百次讲座和报告,提倡教育和现代化。他在接受记者采访时强调:“我没有专业,国家需要就是我的专业;我从不考虑自己的得与失,祖国和人民的忧就是我的忧,祖国和人民的乐就是我的乐。”

△▲想一想

钱伟长为什么弃文从理,又为什么放弃了去美国的留学机会?是什么促使钱伟长不断地做出人生选择?

认识过去,注重现在,把握未来。因为每个人的一生都是在一定时间和空间内的生命运动,人生所包含的过去、现在和未来是紧密联系不可分割的。从原因和结果这一唯物辩证法的基本范畴来解释人生,过去是现在的原因,现在是过去的结果,而现在又会成为未来的原因,未来是现在的结果。只有将过去、现在和未来联系起来人生才具有完整的意义。我们不能否认过去，也不能只看到过去而忽视现在和将来，而要正确地认识和分析自己的过去，把握好当下的人生才能规划好自己未来的人生道路。因此，做出正确的人生选择还要正确认识分析自己的现在和过去，才能选择好自己未来的人生道路。

二、物质世界的多样统一性为人生选择提供了多种可能性

(一)物质世界的多样性与统一性

物质世界既是多样的又是统一的，物质世界的多样性与统一性为人生道路的选择提供了多种可能性。多样性与统一性是马克思主义哲学的一对基本范畴，是关于物质世界的共同本质与差异性的问题。

哲学故事

世界上没有两片完全相同的树叶

德国哲学家莱布尼茨在宫中做"宫廷顾问"时对皇帝说任何事物都有共性。皇帝为了验证这个哲学命题特命宫女们从御花园找来一堆树叶，莱布尼茨果然从这堆树叶里找到了它们的共同点。皇帝很是佩服，正要夸奖时莱布尼茨又提出了"凡物莫不相异"的观点，也就是说世界上没有两个彼此完全相同的东西。皇帝再次命宫女们去御花园寻找两片一样的树叶，以此推翻这位哲学家的观点，结果大失所望，宫女们找回来的树叶粗粗看来好像都一模一样，但是仔细比较就会发现实际上却是形态各异，都有其特殊性。

△▲想一想

你还能举出物质世界多样性与统一性的例子吗?

1.世界具有无限多样性

世界上的各种事物和现象以不同的形式表现出来，具有不同的属性和形态，呈现出物质世界的多样性与复杂性。从自然界的花鸟鱼虫、山川树木到遥远的宇宙太空，从社会关系中的人间万象到社会由低级到高级的交替，整个物质世界无不显示出其特有的多样性和复杂性。无限多样的客观世界不仅在物质的表现形式上是千差万别的，而且物质世界在结构层次上也具有多样化的特点。在空间尺度上，现代科学将物质世界分

为三大结构层次,即微观世界、宏观世界和宇观世界。人们的感官不能直接感觉到的微小物体和现象的总和就是微观世界,人的肉眼只能看到0.1mm的物体,小于该尺度的事物都属于微观世界,它是由各种微观物质组成,包括分子、原子、原子核、基本粒子等不同的层次。肉眼能看到的物体和现象都属于宏观世界,它包括整个太阳系以内的天体系统,人类通过望远镜已经可以观察到10亿多个星球。物质世界的第三个层次宇观世界涵盖了宏观物质以上的宇宙规模的物质,包括星系团、超星系团等(目前人类观测所及的是200亿光年)。

我们所处的物质世界包含有无机界、有机界、生物界、人类社会、微观世界、宏观世界、宇观世界,它们都以事物的不同形态展现出来,表现出物质世界自身演化和发展过程中的无限多样性。

知识链接

物质是标志着客观实在的哲学范畴,这种客观实在是人通过感觉而感知的,它不依赖于我们的感觉而存在,但被我们的感觉所复写、摄影、反映。

2. 世界具有物质统一性

客观世界尽管以多样化的形态表现出来,具有多样性,但客观世界的多样性中又具有统一性,即世界统一于物质。它包含两个基本方面,其一,千变万化的客观世界有一个统一的基础,其二,这个基础是物质的。在辩证唯物主义哲学里,世界的统一性和世界的物质性是紧密联系结合在一起的。马克思主义哲学所讲的物质并不是一个具体的物质形态,而是指标志客观存在的哲学范畴,这一范畴从根本上概括了现存一切客观物质现象最普遍的共性,即物质是万事万物的共性。

首先,自然界是物质的。自然科学发展的成果所提供的系统资料为我们推翻了创造世界和主导世界的"神"的存在,说明我们所处的自然界是不依赖于我们的意识而客观存在的,生命现象也是自然界不断长期发展的结果,人类作为"万物之灵"就是物质世界发展的最高结果。正如恩格斯深刻地指出:世界的真正统一性是在于它的物质性,而这种物质性不是魔术师的三两句话就能证明的,而是由哲学和自然科学的长期的和持续的发展来证明的。

其次,人类社会也具有物质性。人类社会是自然界长期发展的产物。人类产生后生存的第一个历史活动就是物质资料的生产,通过改造自然解决满足人类生存发展的衣食住用行基本问题。物质资料的生产方式又制约着人类社会的政治、文化精神生活,构成了人类社会从低级到高级发展的基础。人类社会的发展不是由人的意识决定的,而是由构成基本物质资料生产的生产力和生产关系的矛盾决定的。

我们所处的客观世界并不是由神来创造和主导的，自然界、人类社会的存在和发展都是客观的，不依赖于我们的意识而客观存在。物质世界在表现形式上具有无限多样性，同时，构成物质世界的万事万物又具有统一性。客观物质世界是多样的统一和统一的多样的结合。

（二）人生选择的多样性与可能性

人生故事

全面准备，正确选择

刘洁是某职业学院一名护理专业的学生，马上面临着实习、毕业和就业问题。她的许多同学为了争取好的实习环境都争先恐后地挑选省级、市级重点医院。而刘洁先是从老师和已经就业的毕业生那里认真了解就业情况。她了解到省综合医院、急救中心、专科医院、康复中心、社区医疗服务中心等单位的临床护理和护理管理工作是大多数毕业生的就业岗位。面对这么多的就业选择刘洁并没有盲目选择，而是结合自己的实际情况决定自己以后的就业方向为康复中心的临床护理工作或者家庭和个人健康顾问。于是，她根据自己的就业方向先后去了医院、康复中心和社区医疗服务中心实习，全面掌握自己就业方向相关的医护理论知识和技能，为以后的工作打下了良好的基础。

△▲想一想

同样作为中职生，我们面对实习、毕业、就业的问题时应该如何做出自己的人生选择？

物质世界具有多样性，每个人的人生又具有不确定性，这都为我们的人生选择提供了多种可能性。我们可以选择不同的求学道路：有的人选择上大学，有的人选择上职业院校，还有的人选择国外留学；我们可以选择不同的职业：有的人选择教育事业，有的人选择文艺工作，有的人选择服务行业等。无论做出哪种选择，都是以物质世界多样性为客观基础。在多种可能性之中，并非所有的人生可能性都可以转化为现实，这就要求我们根据客观实际在多种可能性中选择适合自己的人生道路。

(三)人生发展的可能性与现实性

1.可能性与现实性的含义

物质世界的统一性与多样性为人生选择提供了现实基础和多种可能性。可能性与现实性是揭示事物发展过程中潜在的发展趋势和客观存在的事实之间关系的一对哲学范畴。所谓可能性就是指包含在事物中的、预示着事物发展前途的种种趋势,是潜在的尚未实现的东西。所谓现实性是指实际存在着的一切事物。

2.可能性与现实性是对立统一的关系

可能性与现实性既对立又统一,可能性在一定条件下可以转化为现实性。可能性包含在现实性之中,是潜在的没有展开的现实,现实性是充分展开并已经实现的可能。事物的发展都是通过可能性转化为现实性来实现的。我们做选择首先要在一定的生活范围内和一定的客观条件下进行,这是从物质世界的客观现实性出发。同时,还要考虑人生发展的多种可能性,只有选择符合客观事物发展趋势的可能性,才会具备转化为现实的条件,才有可能转化为现实,如果只凭主观愿望做选择,就不可能转化为现实。

知识链接

目前我国护理岗位的缺口仍然很大,尤其是我国逐渐进入老龄化社会,预计到2020年我国60岁以上的老人将达到2.48亿;到2035年老年人口可达到4亿,其中失能半失能老人数量将超过4000万。但是针对老年护理我国持证上岗的专业护理人员只有50万左右,全国至少有500万的养老护理人才缺口。同时,《中国护理事业发展规划纲要(2016—2020年)》指出"十三五"期间护理事业主要发展目标之一就是到2020年,护理外部条件明显改善,护士配置数量符合要求。作为职校护理专业的学生,目前国家的护理人才状况和国家护理规划纲要的目标给我们提供了广阔的就业前景,护理专业的职校生走出校门参加对口工作就具有了巨大的可能性。

(四)从实际出发,选择适合自己的人生道路

1.选择适合自己的人生道路

人生道路是每个人的生命活动经历社会实践的过程,也是人生理想的实现过程。无论我们已经做出了何种选择,无论我们的人生随着选择走向哪里,人生都没有现成的路,都需要我们自己去选择,一步一步脚踏实地走出一条人生道路。因此,面对人生发展的各种可能性,我们必须从客观实际出发,正确选择,找到一条适合自己的人生道路。

人生故事

抓住机遇,及时选择

王某因为中考失利没有考上高中,被迫来到了职业学校学习国际商务专业。入校之后通过老师的鼓励和自身的反思,及时调整心态重新做出人生选择,以饱满的精神和昂扬的斗志投入到了职校的学习和生活中。三年的职校学习结束后顺利升入本科院校继续攻读国际商务专业,因为在本科学习期间学习成绩优异、个人品德高尚,获得了英国交换学习一年的机会。英国交换学习的一年中他顺利考取了英国某大学的国际商务专业硕士,同时他还攻读了自己最感兴趣的金融事务专业的硕士学位。毕业后顺利就职于中国人民银行伦敦分行。

△▲想一想

中考失利人生就意味着彻底的失败吗?作为中职学校的学生应该如何积极面对自己的人生发展?

2.做出正确的人生选择

人生故事

中国导弹之父的曲折回国路

钱学森,世界著名的科学家,空气动力学家,中国载人航天奠基人,中国科学院及中国工程学院院士,中国两弹一星功勋奖章获得者,被誉为"中国航天之父""中国导弹之父"等。1934年毕业于国立交通大学机械与动力工程学院的钱学森后来曾担任美国麻省理工学院和加州理工学院教授,是当时世界一流的火箭专家,二战期间和他的导师冯·卡门一起参与了当时美国绝密的"曼哈顿工程"——导弹核武器的研制和开发工程,是美国乃至世界屈指可数的杰出人才。

1949年身在美国的钱学森听到了中华人民共和国成立这一激动人心的喜讯,他心中萌芽出早日回归祖国,用自己的专长为国家建设服务的强烈念头。

这位在美国处于领导地位的第一位的火箭专家，决定放弃一切，早日回到祖国去，为建设新中国贡献自己的全部力量。他毅然决然地辞去所有职务办理好了回国手续。钱学森准备返回中国的决定引起了美国有关方面的恐慌，一位美国海军的领导人曾对美国负责出境的官员说："我宁可把钱学森枪毙了，也不会让他离开美国！""钱学森至少值5个师的兵力！"

钱学森的回国计划受到严重阻挠，美国官方通知他不准离开美国，他被迫回到了加利福尼亚理工学院。此后，联邦调查局派人监视他的全家和他的所有行动。随后又遭到联邦调查局的非法拘役。在被拘役的十天时间里他像罪犯一样受到种种折磨，体重骤减30磅。后来在他的导师以及一些加利福尼亚理工学院的师生、美国友好人士的帮助下将他从看守所里保释出来。此后他仍旧受到移民局的迫害，行动受到移民局的限制和联邦调查局特务的监视长达五年的时间。1955年，中国政府通过外交斗争，迫使美国政府同意钱学森返回中国。钱学森终于回到了朝思暮想的故土。钱学森激动地说："我相信我一定能回到祖国。现在，我终于回来了！"冲破重重阻拦而回国的钱学森，一头扎在了军事科学的研究中。他倾其所学，又紧密关注国外的科学动态，不断推出科研新成果，为祖国的国防事业竭思尽智，做出了巨大的贡献，被誉为"导弹之父"。钱学森回国效力，中国的导弹、原子弹的发射向前推进了至少20年。

在美国定居，且能聘为终身教授，这是多少人梦寐以求的事情。可为了祖国的繁荣富强，钱学森放弃了这一切。早日回归祖国，用自己的专长为建设新中国贡献自己的全部力量。这就是钱学森的人生选择，为了这一选择他将余生全都献给了祖国的国防事业。

△▲想一想

根据以上事例谈一谈如何在人生发展过程中做出正确的人生选择？

正确的人生选择是人生历程中不断完善自我、塑造自我的重要途径，也是追求人生目标的指南针。要做出正确的人生选择就要做到以下几点。

首先，要认真分析个人所面临的客观实际，正确地认识自己、定位自己，让自己的主观愿望符合自身的客观实际。要充分考虑并妥善处理个人想干什么、能干什么、客观条件允许干什么这三者的关系。还要把握好人生中不能与不为的关系，也就是能否按照客观规律办事、量力而行的问题。

其次，紧跟社会发展潮流和趋势，使自己的人生选择适应时代的发展，在具体的社会历史条件下人生选择才具有实现的可能性。同时，我们应该主动承担社会历史所赋予的责任和使命，根据社会主义现代化建设的需要和个人的职业专长、兴趣爱好，努力塑造自我、完善自我，以便在未来的职业岗位上为社会的进步贡献自己的聪明才智，实现有价值的人生。

最后，还要学会从客观实际出发，对人生发展的可能性和现实性进行具体的分析，把握时机，充分利用现有的成长成才条件，重视基本职业素养的养成，在职业学习中培养职业兴趣，提升学习能力和职业能力，为可能性转化为现实性打好客观基础。

第三课　物质运动与人生行动

名人名言

一切存在物，一切生活在地上和水中的东西，只是由于某种运动才得以存在、生活。

——马克思

世界上的事物始终处在运动变化之中，运动是物质的固有属性和存在方式。物质在运动的过程中并不是杂乱无章的，而是遵循其自身的规律的。物质世界的规律"不以尧存，不以桀亡"，并且存在于人们的意识之外，不以人的意志为之转移。在人生发展的过程中，我们要遵循和运用客观规律，把握规律，善于行动，才能实现人生的成功。

人生故事

行动成就人生

小楷是某职业学校机床数控专业的毕业生，毕业后他离开家乡来到广州工作。但是工作不久后他发现工厂很大，人员有很多，人际关系很复杂，而他仅仅是一名小小的数控员，得不到领导的赏识，以后没有多大的前途，于是他选择跳槽。频繁的跳槽使他求职的过程中处处碰壁，因为别人认为他是一个没有耐心又想一步登天的人。终于有一天，一家公司好不容易同意录用他，入职第一天他的新领导就对他说：遇到问题时首先想到的不应该是跳槽，而是想办法行动起来解决问题。小楷这才恍然大悟，原来不是以前的公司有问题而是自己有问题。从此以后小楷脚踏实地地从一名数控员开始做起，遇到困难时展开行动积极解决，为自己打开了职业生涯的新局面。

△▲想一想

每个人都是在行动中成长起来的，在行动中实现自己的人生。请谈一谈为什么离开了行动人生就会一事无成?

一、运动是物质的存在方式

(一)运动是物质的固有属性和存在方式

1.物质在运动中存在

知识链接

恩格斯指出:“整个自然界，从最小的东西到最大的东西，从沙粒到太阳，从原生生物到人，都处于永恒的产生和消灭中，处于不断的流动中，处于无休止的运动和变化中。”这说明世界上的万事万物无时无刻都处于运动之中。人们在生活、实践中所接触到的各种物质客体，大至星球、星系乃至总星系，小至分子、原子、电子乃至基本粒子;简单如单细胞生物，复杂如动物、人和人类社会等等，无不是在运动中存在、发展和灭亡。古希腊哲学家赫拉克利特曾说过:“人不能两次踏入同一条河流。”他将存在的客观事物比作河流，当人们第二次踏入河流时已经不再是原来的水在流淌而是新的水在流淌。并且赫拉克利特用“一切皆流，无物常驻”来表明事物运动变化的思想。物质世界处于永不停息的运动之中，每一个事物都有它产生、发展和灭亡的过程，没有哪一个事物是不动和不变的，也没有哪一个事物是永恒存在的。因此恩格斯对于赫拉克利特的思想给予了高度评价:“这个原始而朴素但实质上是正确的世界观是古希腊哲学的世界观，而且是由赫拉克利特第一次明确地加以表述的:一切都存在，同时又不存在，因为一切都在流动，都在不断地变化，不断地产生和消灭。”

世界上的万事万物都处于运动和变化之中，人们无不感受到世界上客观物质的运动变化:位置移动的机械运动、基本粒子的物理运动、生物的生命运动、制度变迁的社会运动等。这些具体的运动形式是人们认识客观物质的根本途径，因为物质的客观实在性这一共同的、一般的本质是通过物质运动而表现出来的。人们正是通过认识物质的运动而认识物质本身。

2.运动的含义

哲学上所讲的运动是指宇宙间一切事物的变化和过程，是物质的固有属性和存在方式。运动作为物质的固有属性是标志物质世界一切事物、现象和过程的变化的哲学范畴。哲学上所讲的运动是指物质运动的一般特征，它表现为多种多样的运动形式，但不能把它归结为某一种具体的运动形式。世界上的任何物质都处于永不停止的运动之中，所有的事物都只能在运动中存在和发展，不运动的物质是根本不存在的。

哲学故事

刻舟求剑

有个楚国人出门乘船远行时，不小心把随身携带的剑落到了江水中。他连忙用一把小刀按着剑掉下去的地方在船舷上刻了个记号，然后对大家说："我把剑掉下去的地方刻上记号，这样等船停了我就可以沿着记号下水找到剑。"众人催促道："你还不赶快下去找剑，船越走越远，当心找不回来了！"楚国人镇定自若地说："不急不急，记号在那呢，跑不了。"船行至岸边停下之后楚国人不慌不忙地沿着记号下去找剑，但是白费了好一阵工夫还是毫无所获，还招来了众人的讥笑。

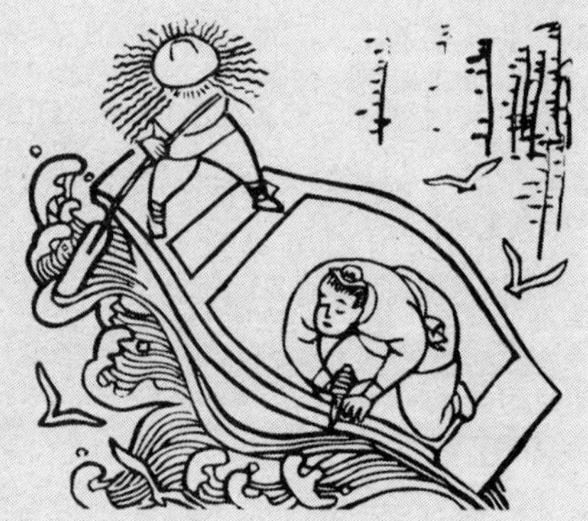

△▲想一想

你能说出"刻舟求剑"的楚国人为什么找不到剑吗？

3.物质与运动的辩证关系

物质与运动的关系中，物质是运动的承担者，是一切运动、变化和发展的客观基础；运动是物质所固有的基本属性，是一切物质形态的存在方式。物质与运动是密切联系不可分割的。一方面，物质是运动的物质，没有脱离运动而存在的物质。世界上的万事万物都处于永不停息的运动之中。自然界有它自身的产生和发展过程，并且到今天为止仍旧在不断地变化、发展着。自然界中从无机界到有机界，从宏观世界到微观世界，每一个事物都有它产生、发展和灭亡的过程，没有哪一个事物能够脱离运动而存在。人类社会也是不断发展变化的。社会有机体内部生产力和生产关系、经济基础和上层建筑的矛盾运动,引起了社会的经济、政治、文化的变化发展和整个社会由低级到高级的运动发展。人的思维水平也不是处于某一个特定的高度就一成不变了,而是随着社会经济的发展而发展。另一方面,运动是物质的运动。物质是运动的载体,任何运动都必须有自己的承担者或者载体,比如生物运动的载体是具体的生命有机体,电运动的载体是电子等。离开物质说运动,或者离开运动谈物质,都是错误的。物质世界处于永恒的运动之中,没有不运动的物质,也没有离开物质的抽象运动,因此运动是普遍的、永恒的、无条件的,因而是绝对的。

4.绝对运动和相对静止是物质运动的基本属性

人生故事

"聪明"的赖账者

古希腊时期,有一个人因为出门着急忘记带钱,所以就找他的邻居借钱。过了很久邻居都没有等到他还钱,便去向他讨债。结果这个人说无钱可还,解释道:"一切皆变,一切皆流。现在的我已经不是当初找你借钱的我了。如果你要讨债,请你找当初借钱时的我,而不是现在的我。"邻居听了之后竟一时间无法辩驳,便失望地回家了。

△▲想一想

这个赖账者真的聪明吗?如果你是他的邻居,你会用什么哲学观点来反驳他?

从整个物质世界来看,一切事物都处于运动之中,这体现了物质运动的绝对性。运动的绝对性是指物质世界永恒地运动着,世界上的万事万物在任何时间都处于发生、变化、发展的过程中。但是,世界上运动的物质又有着某种稳定的形式,也就是同时具有静止的状态。静止的相对性是指世界上的各种事物在绝对的运动中具有暂时的、相对的稳定性。运动的绝对性和静止的相对性是物质运动的两个基本属性。

哲学上讲的静止有两种形式:一是物质的位置保持不变,二是事物或者事物某一方面的性质没有发生改变,这都表现为物质的静止。因此,静止是暂时的、相对的、有条件的。静止不是绝对的不运动,不是绝对的静止,而是一种不显著的运动,是运动的特殊状态。二者是辩证统一的。相对静止包含着绝对运动,静中有动;绝对运动中包含着相对静止,动中有静。世界上的任何事物都是绝对运动和相对静止的统一。

知识链接

事物的相对静止对于我们认识世界和改造世界具有重要的意义。

首先,静止是事物运动的前提、是量度。如果没有静止的状态就体现不出运动的状态。运动和静止总是相互依赖的。正如恩格斯所说:“从辩证的观点来看,运动表现于它的反面,即表现在静止中”“运动应当从它的反面即静止中找到它的量度”。

中国古代惠施说过这样一句话:“日方中方睨,物方生方死。”意思是太阳一升到空中,就是偏西下落了;事物刚产生出来就是死亡。在这里,惠施只看到了运动的绝对性而否认了事物发展过程中质的相对稳定性。我们谈论一个具体事物或者运动形式时,基本的前提是:这个事物还是这个事物或者这种运动形式还是这种运动形式,即它处于相对静止的状态中。离开相对静止来谈运动,运动就无从获得自己的规定性和衡量尺度。其次,相对静止是我们了解物质多样性的基础。物质运动的多样性只有在相对静止中才能展现出来。物质之所以表现出千千万万的不同形态是因为相对静止为它们的生成和分化提供了条件。不了解相对静止就不能区别事物。

我国古代哲学家庄子说:“方生方死,方死方生,方可方不可,方不可方可。”他把生与死、可与不可之间的过渡和转化绝对化,完全抹杀了事物的相对稳定性和质的规定性,从而得出了“万物齐一”的错误理论。承认事物某种相对稳定的状态,就是把事物彼此区别开来,才能对它进行科学的分析。否认事物的相对静止,就会使一切具体事物及它的运动形式都变成不可捉摸和无法认识的东西。

(二)人生存在于行动中

1.人生行动的含义

人作为物质世界发展的最高产物,也只能在运动中存在和发展,而且总是处于不断的运动过程之中。人的生命历程经历社会实践活动的过程构成了每个人的人生。人生行动就是人们在自然和社会中运用自己的智力、体力实现人生目标、追求人生价值的过程。恩格斯所说:“人是唯一能够由于劳动而摆脱纯粹的动物状态的动物——他的正常状态是和他的意识相适应的而且是要由他自己创造出来的。”人作为社会动物通过改造自然创造出自己所需要的对象,从而满足自己生存和发展最基本的需求。离开这个过程人就无法生存和发展,人生也就无从谈起。世界浩瀚纷繁,生活工作瞬息万变,面对不断进步的社会、日新月异的科技、多元化的意识形态,还有自己的现在与将来,如何展开人生行动是每个有理想的人都应深思的问题。

人生故事

马上行动

汤姆·霍普金斯在成为世界第一推销训练大师之前曾在建筑工地以扛钢筋为生。成功后被人们誉为“世界上最伟大的推销大师”,接受其训练的学生在全球超过500万人。

在《马上行动,坚持到底》的这篇文章中汤姆·霍普金斯写道:

当我的事业迎来辉煌的时候,有人问我:“你成功的秘诀是什么?”我回答说:“每当我遇到挫折的时候,我只有一个信念,那就是马上行动,坚持到底。成功者绝不放弃,放弃者绝不会成功!……马上行动!马上行动!!马上行动!!!”

我要一遍一遍地重复这句话,直到它成为习惯和行为本能。

当我早上一睁开眼睛就要说这句话:马上行动!免得“再多睡一会儿嘛”占据我的脑海。

当我出门推销时,我就立刻开口说这句话:马上行动!免得“客户会拒绝你”占据我的思想。

当我站在客户的门口,就立刻开口说这句话:马上行动!免得“犹豫不安”占据我的斗志和信心。

成功是不会等人的,就在此时此刻,马上行动,绝不放弃,全力以赴!

△▲想一想

汤姆·霍普金斯的人生故事给我们怎样的人生启示?

2.人生贵在行动

人生就像一段漫长的旅途,需要我们脚踏实地一步一步走出来,运用自己的体力和智力实现人生的目标和理想,在这个过程中,我们会受到自身主观条件和所处社会历史条件的制约,但这并不意味着人生因为种种主客观因素的制约就无法展开。正如毛泽东所说:“人的能动性、人的目的、人的思想都离不开行动,都是在行动中获得的,在行动中提高的。”人生行动是人们的物质力量和内在精神共同作用的过程,面对自身的主观条件时我们要正确分析自己的优缺点,发挥正面积极的精神活动的作用,因为高昂的精神可以催人向上、使人进步,萎靡的精神则会使人悲观消沉丧失斗志。面对我们身处的具体客观历史条件时,应该顺应社会历史发展的规律,充分应用历史提供给我们所有的有利条件展开行动，这样才能展开精彩的人生。因此只有积极行动才能成就精彩人生。

首先，人生行动是人存在和发展的前提。人作为社会动物，需要通过行动认识世界、改造世界，通过劳动创造自己所需要的对象，解决衣食住行等基本问题，满足自我存在和发展的需要，否则人就无法生存，人生也无从谈起。

其次，人生目标和人生理想只有通过人生行动才能实现。每个人通过行动自我创造、自我实现，在这个过程中，就是依靠人生行动达到既定的人生目标后再进行更高层次的目标追求，实现理想。

最后，人生行动体现个人的人生价值和生命意义。人在行动中塑造自己，在行动中实现目标获得发展，这些过程都离不开特定的社会历史背景，都要在具体的社会历史实践活动中得以实现。个人发展的实现首先是以获得社会认可为前提的，因此，从这种意义上来说，社会历史的发展则表现出个人对历史的价值、个人生命在社会历史中的意义。

一分耕耘一分收获，只有积极行动，才能战胜人生中的各种困难实现人生目标；只有积极行动，才能抓住机遇，使自己的人生达到新的高度；只有积极行动，才能走出一条属于自己的人生道路，拥有灿烂人生。

二、人生行动必须遵循客观规律

（一）物质运动是有规律的

哲学故事

破壳而出的小鸡

一只将要出壳的小鸡在蛋壳中苦苦挣扎，想要冲破蛋壳。可是它努力了一次又一次之后还是没有成功。这时，有人拿着一颗小石头轻轻地敲破了蛋壳，小鸡轻而易举的就从蛋壳里出来了。但是，这只小鸡不久便死掉了。原来，破壳而出的痛苦是小鸡出壳必须经历的过程。在一次又一次的破壳努力中，它身体的骨骼发育和心肺功能才能完善，这是其自身的运动规律。否则，小鸡就会因为无法适应环境而死亡。同样，每个人的成长过程又有其自身的规律，人们也是在人生成长过程中经历一次次的失败和挫折才逐渐成熟起来，健康成长的。

△▲想一想

除了这个例子,同学们还能从生活中找到其他的客观规律吗?

1.物质运动具有规律性

世界上物质的运动形式多种多样,运动变化看似杂乱无章毫无秩序,实质上物质运动有其无法违背的客观规律。所谓规律就是事物运动过程中固有的、本质的、必然的联系。这种联系具有稳定性、普遍性、重复性特点,渗透在一切事物的现象和运动之中,在事物运动过程中处于支配地位,决定着事物的发展方向。因此,物质运动是有其固有规律的。

首先,自然界有自然规律。科学研究表明,自然现象、生命运动、机械运动、物理运动、化学运动这几种自然界的基本运动形式,都要遵循各自的规律。

其次,人类社会有社会规律。每个人的人生活动共同构成了社会发展。人的活动是有意识有目的的,但并不意味着由个人人生活动构成的社会发展就可以随心所欲,社会发展过程中同样存在着不以人的意志为转移的规律,如社会总是由低级到高级发展,任何社会形态下都存在着生产关系一定要适应生产力发展的规律等。

最后,人类思维领域也有其固有的规律。人的思维活动都是以人的生理活动为基础的,逻辑思维和抽象思维都是以社会实践为基础的有规律的发展过程。

2.规律的特征

规律是客观的,是指规律是事物本身所固有的,不以人的意志为转移。它既不能被创造也不能被消灭,它在人的意识之外独立存在,不管人们是否认识到它,它都存在并发挥作用。物质世界中没有规律的物质运动是不存在的。规律具有普遍性,自然界、人类社会和人的思维在其运动变化的过程中都遵循其固有的规律。根据规律的客观性、普遍性原理,我们在实践活动中要尊重客观规律,按客观规律办事。人们的实践活动中往往存在着违背客观规律的现象,在因违背规律而受到客观规律惩罚时人们往往能更加深刻地体会到规律的客观性以及它自身的作用。就如人们在缺氧的状态下更能明白氧气存在的客观性以及它对生命的重要意义一样。

知识链接

《2014年中国环境状况公报》指出:2014年海水重点养殖区主要污染指标为无机氮、活性磷酸盐和石油类。东海和南海部分养殖水域无机氮和活性磷酸盐污染相对较重,南海部分养殖水域石油类污染相对较重。无机氮、石油类和化学需氧量超标范围同比有所增加,活性磷酸盐和铜的超标范围同比有所减小。海洋重要渔业水域沉积物中主要污染指标为石油类和铜。南海部分水域石油类污染相对较重,东海部分渔业水域铜污染相对较重。区域主要污染指标为无机氮、活性磷酸盐和化学需氧量。

我国自然生态系统受外来入侵物种破坏形势也很严重。目前外来入侵物种有544种,比2010年增加了11.5%。在国际自然保护联盟(IUCN)公布的全球100种恶性外来入侵物种中有50余种已入侵中国。常年大面积发生危害的物种有20多种,每年仅水花生、福寿螺等20种主要农业外来入侵物种造成的经济损失达840亿元人民币。外来物种入侵危害区域涉及农田、森林、湿地、草原等各个生态系统,造成野生生物资源濒危。

(二)把握规律,善于行动

哲学故事

庖丁解牛

有个厨师给梁惠王宰牛。梁惠王站在一旁观看,只见厨师宰牛的动作十分优美如同跳舞,进刀时候发出来的声音都十分符合乐曲的节拍。梁惠王不禁感叹厨师技术的精湛。厨师放下刀之后对梁惠王说:“我追求的不是技术,而是‘道’。我刚开始宰牛的时候眼里看到的是整头牛。三年宰牛的时间过去之后我眼里就没有囫囵的整牛了。现在我不再用眼睛看牛,而是用心去观察。宰牛的时候是心神在指挥我。我顺着牛筋骨的自然结构,依照纹理,顺应经路,向有空隙的地方用刀,进刀的时候毫无妨碍。好的厨师用刀割肉筋所以一年换一把刀,普通厨师用刀劈骨头所以一个月换一把刀,而我的刀已经用了十九年了,刀口还是像刚磨的一样。因为牛骨节是有空隙的,我用几乎没有厚度的刀切入有空隙的骨节还不是游刃有余吗?”

△▲想一想

为什么庖丁解牛能够事半功倍?这个故事蕴含着什么哲理?

1.勇敢地走出自己的人生道路

在短暂的人生中实现人生理想,就必须敢于行动,积极行动,才不会把理想和目标停留在口号上。我们要具备敢于行动的勇气,因为人生中万事开头难,每个人的人生都始于勇敢踏出的第一步。人生中会遇到许多未知的困难,面对挫折和困境,我们要有战胜挫折,走出困境的勇气和毅力。

2.善于行动

古希腊哲学家亚里士多德曾说:"勇气过少是怯懦,勇气过多则是鲁莽。"人生道路上,不仅需要敢于行动的勇气,还需要善于行动的智慧。因此,我们要把握规律,善于行动。善于行动就是要按照事物的客观规律办事,掌握科学方法,会做事,做好事。在现实社会中,每个人因为主客观条件的制约,不可能想做什么就做什么,想怎么做就怎么做,这就要求我们把握好客观条件,结合自己的目标规划,不断总结经验教训,善于行动,走好人生的每一步。

人生故事

别出心裁的销售比赛

一家全球500强企业面向社会招聘销售精英,吸引了不少人才前来应聘。通过严格的层层筛选最后有3个人从数百位应聘者中脱颖而出,但是职位只有一个。于是,考官让他们三个人来一次销售比赛:用十天时间尽可能多地把梳子卖给和尚。按照常人思维这几乎是不可能的事情,寺庙里和尚不用梳头,怎么可能对梳子有需求呢?

甲选择了就近的一间寺庙直接向和尚推销梳子,却连一把都没有卖出去,就在他准备放弃比赛的时候在半山腰碰到一个晒太阳的和尚,这个和尚一边晒太阳一边拼命地挠头皮,于是甲卖给这个和尚一把梳子给头皮挠痒痒。

乙去了几座寺庙后来到一座地理位置处于山顶的寺庙门前,因为他发现这座寺庙的海拔很高风很大,许多香客都被大风吹乱了头发。于是他建议住持在每个香案前放置一把梳子供善男信女梳理鬓发,因为蓬头垢面是对佛祖的不敬。住持采纳了他的建议买了十把梳子分别放在十个香案前。

丙先制定了自己的销售计划,然后根据自己的销售计划考察了许多寺庙,最后他来到了一座香火鼎盛的深山宝刹,他对住持说:"从山下来到这座宝刹只能步行而且最快的脚程也得五个小时,可见每一位前来进香的香客都是及其虔诚的。宝刹对他们也应该有所回赠以作纪念,也可以保佑他们祥和平安。我这里有一批木梳大概1000把,您的书法超群,可以在木梳上题字以回赠虔诚的香客。”住持很欣然地接受了丙的建议,立即买下了1000把木梳。

△▲想一想

以上事例体现了什么哲学道理?对你有怎样的人生启示?

首先,做任何事情都要制定好正确的目标。正确的目标是我们行动成功的起点,为我们的行动指明前进的方向。中职生在实际的生活学习中要对自己的未来做好职业生涯规划,这样现实中进行的每一步都会朝着既定的正确目标迈进,生活也会变得充实而富有效率。

其次,做任何事情都要做好事前准备。俗话说凡事预则立不预则废。人们常说的“预”就是指人们做事情首先要有准备、有计划,不能仅仅凭借着一时的热情和冲动盲目地行动。做好任何事情都要妥善地准备,思考做事情具备和欠缺的条件、实现目标所需要的途径和方法等。

最后,做任何事情都要按照顺序进行,有始有终。按照顺序做事会帮助我们养成自律的好习惯。没有顺序就没有秩序,自然缺乏秩序就会产生生物灾难,社会缺乏秩序就会带来社会动荡。同样,人的行动也应该按照顺序进行,分清时间的先后,在特定时间内做该做的事情。行动要按照顺序一步步地完成,脚踏实地尤为重要,因为一口吃不出胖子来。正确的目标是行动的开始,能够在行动中坚持下来做到有始有终才能取得预期的效果。

人生故事

成功贵在坚持

古希腊哲学家苏格拉底给学生们上的第一堂课就是教会他们坚持。开学第一天他对学生们说:“今天我们只学一件最简单也是最难做的事情,每个人尽量把胳膊往前甩,再往后甩,从今天起每天做300次,大家能做到吗?”说完他给学生们做了一个示范。学生们都认为这么简单的事情有什么难的,每天照做就是了。

一个月之后，苏格拉底在课堂上问他的学生："到目前为止有谁在每天坚持呢？"这时有90%的同学都举起了手。

又过了一个月，他再次问学生同样的问题，这次只有大约80%的同学举了手。

第三个月、第四个月、第五个月苏格拉底都没有问过这个问题，学生都以为就连苏格拉底自己也已经忘记了这件事情。就在一年的时候苏格拉底又再次问起了这个问题，这时举手的只有一位同学，他就是后来继苏格拉底后成为古希腊又一位著名哲学家的柏拉图。

△▲想一想

你从上述故事中学到了什么？

实践证明，做任何事情要认识规律，尊重规律。不仅要掌握客观世界的普遍规律，更加要学习好专业领域的规律，这样我们学习的专业技术才能在以后的工作中更好地发挥作用，实现事业的成功。我们还要利用规律掌握方法学会做事。遵循并利用规律，学做事、巧做事、做好事才能达到既定的目标。

第四课　自觉能动与自强不息

名人名言

天行健,君子以自强不息。

——《周易》

正确认识和发挥人的主观能动性,是我们了解物质世界客观性和规律性、展开人生行动的必要条件。因此,我们要自觉地将发挥自觉能动性和尊重客观规律有机地结合起来。充分发掘自己的潜能,转化为人生行动的实践力量。在人生行动中体会自信、自强的重要作用,自强不息地走好人生每一步。

一、人生是自觉能动的过程

(一)自觉能动性的含义及特点

1. 自觉能动性的含义

马克思主义哲学肯定世界的本质是物质,物质决定意识的同时,也肯定意识对物质具有能动的反作用。意识的能动性表现为人具有主观能动性。人的自觉能动性是人所特有的能力和活动,是人区别于动物的根本特点。它是指人有目的有意识地能动地认识世界改造世界的活动和能力,既包括把客观的东西能动地反映于主观,又包括把主观的东西能动地见之于客观。

知识链接

黑猩猩救火实验

黑猩猩被人们公认为是智商最接近人类的动物。科学家曾做过一个实验:教黑猩猩灭火。经过多次的训练,黑猩猩学会了独立从水龙头上接水灭火。为了验证黑猩猩是否已经完全具备这样的行为意识，科学家们又把黑猩猩放在了一条船里，在船上的铁桶里生起了火，铁桶旁边放了接水用的水桶。火势慢慢旺起来，但是黑猩猩坐在船上除了急躁之外毫无办法。同样生上火，黑猩猩坐在船上，水面唾手可及，但是黑猩猩就不会灭火了。

2. 自觉能动性的特点

第一，自觉能动性首先表现为人在社会实践的基础上能动地认识世界的能力，也就是我们通常说的“想”。认识是人脑对客观世界的主观反映，这种反映不是消极被动的，而是积极主动的。人在社会实践的基础上，不仅能够认识客观事物的外部现象，还可以通过抽象思维活动透过现象把握客观事物的本质和内部规律；不仅能够认识现在的事物，而且能够以此为基础，追溯过去、推测未来以及未知的事物。

第二，自觉能动性也表现为人们在认识的指导下能动地改造世界的能力，即我们通常所说的“做”。人的主观能动性能够将认识和掌握到的事物固有的规律运用和创新，以创造性的实践活动将观念的东西作用于实践，将观念性的东西转变为现实，从而达到改变世界的目标。正是通过这种能力，人们创造出了许多自然界本身所没有的东西，使我们的世界呈现出丰富多彩的景象。

哲学故事

哲学课上的问题

哲学课上，老师问同学们：“是先有树木还有先有人们对于树木的认识的？”同学们异口同声地回答道：“先有树木。”老师接着问第二个问题：“是先有计算机还有先有人们关于计算机的设计？”这时，许多同学不知如何回答。

老师解释道：“现实生活中树木和计算机是两种不同的物质存在，树木是自然界中固有的，是在人类出现之前就已经存在的客观物质，因此是先有树木才有了人们对于树木的认识。而计算机不同，自然界本来就不存在计算机，它是由人创造出来的。大自然通过上亿年的演化可以产生一座珠穆朗玛峰，但即使自然界再经历上亿年的演化也不会演化出一台计算机。而人能根据自然界提供的客观物质再加上自身的创新意识就能创造出自然界之前不存在的计算机。”

△▲想一想

谈谈你对这堂哲学课的收获？意识在人类改造世界的活动中是如何发挥作用的？

第三，自觉能动性还表现为人在认识世界和改造世界活动中所具有的精神状态，即我们通常所说的“决心、意志、干劲”等。实践中我们不难发现舍己为人的奉献精神、积极主动的进取精神、百折不挠的坚强意志等等，这都是自觉能动性的表现。这些精神状态贯穿于人们认识世界和改造世界的实践活动始终，对这些实践活动有着巨大的鼓舞和影响的作用。

人生故事

三根火柴

“那是一条神奇的天路，把人间的温暖送到边疆，从此山不再高路不再漫长，各族儿女欢聚一堂……”每当听到这首歌都会让人内心温暖充满力量、无比骄傲，不仅仅因为青藏铁路在世界铁路史上取得的一个个举世瞩目的成就，更加因为在修建铁路的过程中发生的一个个让人潸然泪下却又敬佩不已的英雄故事。

1976年7月张鲁新、李烈和一个绰号叫陈大胡子的人来到迟曲河一带考察，一场暴风雪突然来袭，让他们迷失了方向。他们意识到越走越远，越远越危险只好先坐在一个山坳里等待同志们的救援。他们在山坳里苦苦等待救援的数天中，饿了渴了就挖起地上的积雪充饥，因为张鲁新平时爱吃糖，衣兜里的三颗糖是他们唯一的粮食。

程国栋等人在大本营里等到第二天仍旧不见张鲁新他们归来，预感到他们出事了。他们兵分三路打着火把顶着夜色在空旷的荒原里含着泪高喊着张鲁新他们的名字。黑夜里张鲁新他们已经饿得筋疲力尽了，听到远处同事的呼唤时却无力回应他们。李烈无力地问道：“怎么办，我们只能等死吗？”陈大胡子说：“火柴盒里还有三根火柴，我们可以用火柴给同志们发出信号。”张鲁新同意了，但是没想到的是第一根火柴刚刚划着后就被风吹灭了。陈大胡子忙着要划第二根被张鲁新制止了,说:"我们不是还有一个纸烟盒吗? 把纸烟盒撕成三个纸条用火柴点燃,一条一条地燃下去,同志们或许会发现我们的。"沉沉黑夜中,程国栋终于发现了微弱的生命信号,那一点点微弱的火光在死亡线上燃起了希望。一名青藏铁路的科技之星被救了回来。

20世纪70年代,从事青藏铁路冻土研究的有100多人。80年代后许多专家调走的调走,改行的改行,退休的退休,只有张鲁新等少数人在极其恶劣的环境中怀着坚定的信念坚守了下来。

△▲想一想

上述故事中体现了怎样的精神状态? 对你有何人生启示?

3.树立正确的思想意识

知识链接

马克思主义哲学认为,意识是物质世界长期发展的产物。在漫长的自然界进化史中,意识从最早存在的无机物质具有反映特征,如石头经过风化会改变形态,铁裸露在外就会腐蚀生锈。这些都是机械的、物理的、化学的反应。再到一切生命物质的刺激感应性,如向日葵会随着太阳转动,植物的叶子总是向着阳光,含羞草碰触到外来物体时就会合拢叶子等。最后由低等生物的刺激感应性到高等动物的感觉,如狐狸会有效地利用外部环境躲避猎人的追踪,猩猩会剥香蕉等。

从意识的生理基础看,意识是人脑的机能。人脑是高度发达的物质系统,是意识产生的物质器官。就好比人的胃的主要机能是消化食物、肝脏的机能主要是体内代谢和排毒解毒一样,人脑这个生理器官的机能就是产生意识。

从意识的内容看,意识是人脑对客观存在的主观反映。人脑是意识的器官,但并不是意识和思维的源泉,光有人脑还不能产生意识。人脑就好比一个加工厂,需要把客观存在这种原料在人脑中加工之后才会产生意识。所以说意识是人脑对客观存在的主观反映。

人的意识有正确和错误之分。无论是正确的意识还是错误的意识都是人脑对客观事物的主观反映。正确的意识是人们对客观事物本来面目的真实的反映,错误的意识是人们对客观事物本来面目的歪曲的反映。意识对人的行动具有指导作用。目前,社会意识形态多样化，形形色色的意识形态充斥在我们的生活和学习之中。在成长环境中要自觉抵制错误的思想意识，提高鉴别能力，增强免疫力，学会抵制诱惑，远离那些对我们成长不利的不良环境。积极地参与到健康高雅的成长环境中，自觉地学习和接受积极健康高雅的思想观点，自信自强、乐观阳光地成长成才。

（二）尊重客观规律与发挥自觉能动性的辩证关系

哲学故事

揠苗助长

春秋时期，宋国有一个农夫，他总是嫌自己庄稼长得太慢，每天都蹲在自己的田边看着庄稼，心想怎么样才能让禾苗长得更快。终于有一天他想到办法，跑到田里把禾苗一棵一棵地往上拔。等到他把一大片禾苗全都拔高之后已经是筋疲力尽了，但是他心里却十分高兴。回到家里之后还夸口说："今天把我给累坏了，我帮助禾苗长高了好几寸！"他儿子听了之后赶忙跑到田里去看，发现田里的禾苗全都已经枯死了。

△▲想一想

农夫的禾苗为什么会枯死？我们应该从拔苗助长的故事里吸取什么经验教训？

1.尊重客观规律是正确发挥自觉能动性的前提和基础

规律是客观的，制约着人们自觉能动性的发挥。人们在改造客观对象的实践活动中只有从客观对象的实际出发，按照客观对象的规律办事，才能正确发挥自觉能动性，达到改造客观对象的目的。相反，离开客观对象的规律发挥自觉能动性改造客观对象，不仅达不到最初的目标，还会起到破坏的作用。人们的主观能动性能否取得积极的效果取决于人们是否按照客观规律办事。

知识链接

温室效应又称“花房效应”，是大气保温效应的俗称。温室效应是大气层的一种自然现象，通过阻止地球热量的散失，使地表与底层大气作用于类似于栽培农作物的温室。但是由于现代化社会过多地燃烧煤炭、石油和天然气，产生了大量二氧化碳气体，汽车尾气每年排放出数亿吨二氧化碳到大气里，使温室气体逐年增加，同时人们无休止地乱砍滥伐森林，使森林吸收二氧化碳的能力减弱，大气的温室效应也随之增强。过度的温室效应会造成全球变暖、地球上的病虫害增加、海平面上升、土地沙漠化、缺氧等可怕的严重后果。

已经有研究表明，温室效应可使史前致命病毒威胁人类，美国科学家发现一种植物病毒TOMV病毒，这种病毒可以在大气中广泛扩散，研究人员在格陵兰的4块年龄500至14万年的冰块中均发现了这种病毒。它会导致一系列的流行性感冒、小儿麻痹症和天花等疫症。人类对这些原始病毒尚无抵抗能力，当全球气温升高令冰层溶化时，这些藏在冰层千年甚至更久的病毒就会复活，形成疫症。

同时，过度的温室效应已经对许多岛屿和沿海国家造成显而易见的灾害。全球变暖会使海平面上升，淹没土地、侵蚀海岸，严重威胁沿海国家的生存和生产。当海平面上升1米时，我国沿海地区将有12万平方公里的土地被淹没，7千万人口需要内迁。

“温室效应”带来的严重负面效应正在逐年递增，但却没有引起人们足够的警惕。人类的一些破坏性的实践活动的结果就是社会遭殃，最终每个人都无法逃脱自然的惩罚。

2.发挥自觉能动性是认识和利用规律的必要条件

首先，规律具有客观性，它不以人的意志为转移，制约着人们自觉能动性的发挥，但并不能说明人们在客观规律面前无能为力。人们能够发挥自觉能动性运用抽象思维透过现象看本质，揭示事物的规律，从而正确地指导人们的实践活动。其次，人们还可以通过发挥自觉能动性，利用事物特有的规律创造条件来改造世界，创造美好的生活。最后，人们在认识世界和改造世界的实践活动中往往会遭遇挫折甚至是短暂的失败，这就更加需要人们具备良好的精神状态面对人生的逆境和困境。

人生故事

嫦娥奔月不是梦

我国古代神话传说中有“嫦娥奔月”的故事，它表达了古代人们对天空的美好向往。如今“嫦娥奔月”已经不再是美好的奢望，中国航天事业的长足发展使人们对于天空的向往变成现实。

据中国工程院院士、“神舟”飞船原总设计师戚发轫介绍，中国航天事业目标分为三大步，第一步就是把人送上太空，“神五”的顺利发射使这个目标已经达成现实。第二步就是继续突破载人航天的基本技术：多人多天飞行、航天员出舱在太空行走、完成飞船与空间舱的交会对接。第三步就是建立永久性的空间实验室，进行科学实验。“神七”升空意味着三部曲中的第二个音节已经奏响，随后的“神八”到“神十”飞船将相继升空，在太空中构筑起中国自己的“天宫”系列太空实验室。

△▲想一想

飞船发射到太空是否是人类改变或创造了规律？如果不是，上述材料体现了什么哲学原理？

规律的客观性和普遍性要求人们必须遵循规律，而不能违背规律。一旦破坏规律人们就会受到规律的惩罚。但是，在客观规律的面前并不意味着人们无能为力，人们可以在认识规律的基础上，根据规律发生作用的条件和形式来利用规律，从而达到改造客观世界、造福人类的目标。

尊重客观规律与发挥自觉能动性是辩证统一的关系。能否坚持尊重客观规律与发挥自觉能动的辩证统一，决定了自觉能动性发挥的效果和程度。我们应该自觉地将尊重客观规律与发挥自觉能动性结合起来，抵制违背客观规律夸大自觉能动性的错误想法，同时也要避免在现实面前消极被动、听之任之、无所作为的消极状态。

二、自信自强是人生发展中重要的主观因素

(一)人生是自觉能动的过程

人生故事

身边的"提灯女神"

对于王文珍来说,2009年10月27日终生难忘:在人民大会堂,她从胡锦涛主席手中接过"南丁格尔"奖章——一名护士所能获得的最高褒奖。从事医护工作30多年来,王文珍被群众誉为"身边的'提灯女神'",她像南丁格尔那样,用心灯照亮了无数需要帮助的生命。

王文珍的护理生涯中,为绝望跳楼自杀、生命垂危的艾滋病青年洗头洗脸、剪指甲、刮胡子,病人排便障碍,她就戴上手套为他掏大便;为身无分文无法联系家人且重伤昏迷的维吾尔族男青年捐款补齐医药费;为接受急救的农民工垫付医药费……

2003年非典肆虐,抱着"除非我感染,否则决不离开"的高尚职业情操,王文珍奋战非典病房122天,护理发热病人3000多人,3次放弃轮休。

2008年,汶川发生大地震。王文珍再次冲上第一线。用体温捂热液体才给病人输液,多次累瘫在地,参与救治伤员109名。"病人把生命交给我,我就要像对待亲人一样负责到底!"王文珍说这是她的职业操守和人生信条,终生不变。

△▲想一想

怎样发挥自觉能动性才能使人生更有意义呢?

自觉能动性是人与动物的根本区别,人的自我发展是自觉能动性的重要体现。人们发挥自觉能动性实现自我发展的过程,就是积极地规划并实现自己人生的过程。因此,人生是自觉能动的过程。

1.人生的存在和发展都是自觉能动的过程

人生的展开以人的存在和发展为前提,与动物消极被动地适应自然不同,人是在一

定的社会历史基础上，运用自己的智力、体力认识世界改造世界能动地创造性地生活的过程。恩格斯之所以赞美意识是地球上最美丽的花朵，就在于人的意识具有自觉能动性，人们因为自觉能动性才能运用自己的智力和体力去认识世界、改造世界，创造出物质财富和精神财富，主动地规划自己的人生发展目标和道路。

2. 人生发展是把自己的潜能转化为现实的过程

人生发展的过程是通过发挥自觉能动性，将自己的潜能转变为现实的过程。每个人实践的能力都有所差异，其原因之一就是对自己潜能的发掘和实现的程度存在着差别。要充分发掘自己的潜能，并将其转化为物质力量就要充分发挥自觉能动性。

人生故事

“臭豆腐大王”的“香味”人生

面对严峻的就业形势，大部分大学生毕业后整日往返于各个招聘会场希望能有用人单位对自己抛来橄榄枝，给自己一个难得的工作机会。毕业于南开大学国际贸易专业的宫兴利也和他的大多数同学一样在人山人海的应聘人员中得到一个工作机会。工作后不久他觉得这份工作不太适合自己便辞职不干了。

辞职后宫兴利最先在王顶堤附近做起了火锅生意，但是生意不太景气。通过对市场的认真观察他发现天津人很喜欢吃臭豆腐，于是他带着积蓄南下绍兴学做臭豆腐。在绍兴学习结束回到天津之后他并没有着急开店而是仔细考察市场，终于在充分准备后开了一家臭豆腐店，由于制作精细口味独特他的生意十分火爆。随着生意越做越大，宫兴利先后又开了三家臭豆腐连锁店，因此被他的很多大学同学称为“臭豆腐大王”，但他自己却说豆腐虽臭，人生却香。

△▲想一想

宫兴利的人生“香”从何来？怎样才能让自己的人生展现出不一样的精彩？

3. 人生意义是通过发挥自觉能动性而实现的

求知欲和创造力是生命延续的动力所在，生命因求知而丰富，人生也因创造而精彩。在为社会做贡献的过程中才能实现自我发展，展现人生意义。人生自我发展的过程中我们总会问自己我是谁,我要做什么,我能做什么、人生有什么意义等一系列的问题,当我们为他人带来欢乐、为别人减轻痛苦、为社会做出贡献时自我发展和人生意义的所有问题都有了答案。我们应该积极发挥自觉能动性,实现自我,创造属于自己的精彩人生。

(二)积极进取,自强不息

人生故事

创造人生奇迹的海伦·凯勒

海伦·凯勒(1880年6月27日—1968年6月1日),是美国盲聋哑女作家和残疾有障碍的教育家。在她19个月大的时候因为猩红热夺去了她的视力和听力,不久又丧失了语言表达能力。然而就是这样一位又盲又聋又哑的重度残障者,却创造了人生的奇迹。在盲人学校里她遇到了安妮·莎莉文老师,在老师的教导和关怀下小海伦慢慢地坚强起来。

她不仅学会了读书、写作和说话,并且以惊人的毅力完成了在哈佛大学拉德克利夫学院四年的学业,在她24岁时成为人类历史上第一位获得文学学士学位的盲聋人。她一生还勤于写作,凭着惊人的毅力完成了《假如给我三天光明》《我的生活》《我的老师》等14部著作,被视为20世纪最富感召力的作家之一。不但如此,她还为改善盲聋人的工作和生活条件四处奔走,为美国盲人基金会和美国海外盲人基金会广筹善款,创立慈善机构,积极为残疾人造福。

△▲想一想

了解了海伦·凯勒的事迹,我们应该向她学习哪些优秀的道德品质?

1.自信是打开人生大门的钥匙

自信自强是人生发展过程中重要的主观因素,也是人们在人生行动中发挥自觉能动性,认识世界改造世界时应具备的一种精神品质。自信自强不仅是自我实现的催化剂,也是人生道路走向成功的助力器。人的潜能就如同一座等待开发的宝藏,一个人有没有自信,决定了自觉能动性的发挥程度,充满自信才能最大限度地发掘人生的宝藏,而没有自信的人往往会抓住自己的缺点不放,自暴自弃,无法获得人生的成功。

人生故事

正视自己,自强不息

中考失利的刘强带着失落的心情来到了一所职业学校学习护理专业。来到学校之后刘强的心情糟糕透了,性格也变得内向,寡言少语。不仅和以前的初中同学断了联系而且和中职班级的同学也不愿来往。他认为,一个男孩子学护理已经是件滑稽的事情,自己中考失利,比不上那些考上高中的同学有前途,而中职班级的学生和自己一样是失败者,没什么好沟通的。于是,刘强抱着混三年拿个文凭,找个适合男性干的工作打工的态度开始了中职学习生涯。

刘强的班主任及时发现了他消极自卑的状态,引导他正确面对人生挫折,重新做好人生规划,及时地帮助他鼓励他。刘强本人也在老师的鼓励帮助下认识到了人生的可贵,于是他变得乐观积极、努力进取。一分耕耘一分收获,在校期间他不仅获得了许多荣誉,并且通过三年的刻苦学习参加三职生高考,考取了某中医学院的护理专业本科。

△▲想一想

同样是中职护理专业的学生,你是否也曾因为中考失利而自卑、自暴自弃呢?我们应该如何克服自卑战胜自己,规划自己的人生呢?

2.积极进取,自信自强

自信就是相信自己,对自己所具备的能力和要达到的目标充满信心。自强不息是中华民族传统美德。中国古语有云:“天行健,君子以自强不息。”自强不息是一种知难而进的勇气,是不屈不挠顽强拼搏的精神。自强精神强调的是一个人在社会生活中具有迎难而上不屈不挠的精神品质。自信自强的人总是志存高远,对既定的人生目标执着追求。他们奉行有为的人生哲学,在践行这一观点的过程中保持乐观积极的人生态度、调动生命活动中最大的能量、怀揣着对未来和成功的向往,脚踏实地百折不挠,一步一个脚印地向人生理想迈进。只有积极进取,自强不息,才能展开精彩人生,获得成功。

知识链接

培养自信的方法

自信是人们在认识世界、改造世界的实践活动中所具有的精神状态,是指一个人所具有的独立自主、奋发向上、坚韧不拔的优秀精神品质。拥有自信的人往往表现出比一般人更好的心理品质,如乐于交往、情感丰富、情绪健康、性格良好、自制力强、开朗乐观、社会适应能力强等,自信对人生发展具有重要作用。培养自信可以从以下几个方面入手。

全面分析自己。正确地认识自己才能看到自身的优缺点,找出缺乏自信的具体原因,针对不同的原因制定具体可行的改善目标和计划,一步步地开展、实施。常言道:"玉不琢,不成器。"正是一次次对目标的迈进中受到的挫折和困难的洗礼,才使我们从粗糙的石头变成温润的美玉,我们正是要在查找问题、解决困难的过程中完善自己,树立自信。

学会悦纳自己,自我尊重。"金无足赤,人无完人",生活中往往一个人的缺点是导致产生自卑的现实根源,自卑的人往往紧紧抓住自己的缺点不放而忽略自身的价值。因此我们应该学会全面地接受自己,肯定自己在平凡或不平凡的环境中取得的一切成绩,欣赏自身的优秀品质,坚信"人人有才、人无全才,扬长补短、个个成才",对自己有信心,告诉自己我能行。

善于发掘自身的潜能。每个人都有自己的潜能,潜能是人们最宝贵的资源和潜在的财富。但是潜能只有外化后与实际活动联系在一起发挥作用时才能显现出来,因此就需要我们发掘自我潜能,为自己设定现实目标并展开积极行动,在实践中不断地发现和激发自己的潜能,努力拼搏实现自己的价值。

3.克服自卑,战胜自我

人生中充满着挫折和困境,也许还会有短暂的失败,面对这些困境,要做到自立自强,不断地自我激励,振奋精神,激发对成功的信心和面对困难的勇气,充分发掘和调动自己的潜能。同时,我们正处于自我认知和人生发展的关键时期,成长矛盾突出,容易受到挫折和失败的打击而引起自卑的情绪,导致自信心失落、受挫能力下降。要摆脱这种困境就要克服自卑战胜自我。面对挫折和失败时,要学会尊重和肯定自己,树立自信心。也要吸取经验教训,正确分析自己的优缺点,扬长避短,提高和完善自我,在行动上锐意进取,创造有价值的人生。

第一单元　练习题

一、选择题

1. 下列关于世界观的说法中,正确的是 (　　)

A. 有的人有世界观,有的人没有世界观

B. 世界观是人们对整个世界以及人与世界关系的总的看法和根本观点

C. 世界观是人们对整个自然界的根本看法

D. 世界观是人们对整个世界的看法和观点

2. 马克思说:“人并没有创造物质本身,甚至人创造的这种或那种生产力,也只是在物质本身预先存在的条件下才能进行。”马克思的这段话主要的观点是 (　　)

A. 人类应该尊重保护自然,与自然和谐相处

B. 人类能够对自然加以利用和改造

C. 自然界的存在和发展不以人的意志为转移

D. 人类能够创造出自然界没有的任何东西

3. 下列对于哲学的认识正确的是 (　　)

A. 哲学是世界观和方法论

B. 哲学是理论化、系统化的世界观

C. 哲学是具体科学的科学

D. 哲学是高深莫测的玄学

4. 哲学基本问题的第一方面是划分 (　　)

A. 唯理论和经验论的标准

B. 唯物主义和唯心主义的标准

C. 物质与意识的标准

D. 可知论与不可知论的标准

5. 人们做任何事情只能从自己的主客观条件出发,而不能忽略自己的主客观条件实现自身发展。这个观点表明 (　　)

A. 人对自身所处的社会环境无能为力

B. 实现自身发展只要把握好外部条件就好了

C. 人的活动要受到自身主客观条件的制约

D. 人的主客观条件是先天形成的,没有办法改变

6. “蜘蛛的活动与织工的活动相似,蜜蜂建筑蜂房的本领使人间的许多建筑师感到惭愧。但是,最蹩脚的建筑师从一开始就比最灵巧的蜜蜂高明的地方,就是她在用蜂蜡建蜂房以前,已经在自己头脑中把它建成了。”这段话表明意识活动具有 ( )

A. 主动创造性

B. 自觉选择性

C. 计划性

D. 目的性

7. 随着科技的进步,仿真机器人出现在了大众的视野中。人们创造出的机器人不仅有人的基本外观、表情,还可以模拟人的基本行动,具有一定的语言表达能力。这表明 ( )

A. 机器人可逐步代替人类

B. 人类具有自觉能动性

C. 机器人具有人的意识

D. 机器人具有自觉能动性

8. “天行有常,不以尧存,不以桀亡。”这句话揭示的哲学道理是 ( )

A. 规律是客观的,不以人的意志为转移

B. 人在规律面前是无能为力的

C. 人们在任何条件下都可以认识利用规律

D. 尊重客观规律必须发挥主观能动性

9. “鸿雁出塞北,举止万余里。冬季食南稻,春日复北翔。”这句话说明 ( )

A. 事物的运动是永恒的

B. 物质是运动的主体

C. 事物运动是有规律的

D. 事物之间存在联系

10. 庖丁解牛和拔苗助长给我们的启示是 ( )

A. 人能够随意发挥主观能动性

B. 要透过事物的现象把握事物的本质

C. 尊重规律是取得成功的基础

D. 人在规律面前无能为力

11. 人区别于动物的根本特点是 ( )

A. 具有语言功能

B. 能够认识事物

C. 有心理活动

D. 具有自觉能动性

12. 关于自觉能动性与客观规律的关系正确的是 ( )

A. 人们可以忽略规律充分发挥自觉能动性

B. 发挥自觉能动性是尊重规律、利用规律的前提和基础

C. 只有正确发挥自觉能动性才能认识和利用规律

D. 人们可以发挥自觉能动性创造规律

13. 2006年7月1日,青藏铁路全线通车。为了使铁路早日进藏,人们刻苦攻关,解决了高原缺氧、冻土病害、生态脆弱三大难题。这说明 ( )

A. 人们能够在尊重规律的基础上充分发挥自觉能动性

B. 人能够认识和利用规律

C. 尊重客观规律按照规律办事

D. 规律能够被创造

14. 人们在实践中自觉能动性发挥的有效程度和大小取决于 ( )

A. 人们道德水平的高低

B. 人们所持有的精神态度的正确与否

C. 人们对书本知识的掌握

D. 人们对客观规律掌握的程度

15. 人们能够创造出自然界里原本不存在的事物,这说明 ( )

A. 人们能够创造自然

B. 人的创造力超越了自然的力量

C. 人们改造世界的活动具有创造性

D. 某些自然物的存在和发展不需要客观性

二、问答题

1. 简述哲学基本问题的内容。

2. 简述实事求是的含义。

3. 简述物质运动的辩证关系。

4. 什么是自觉能动性? 它包含的内容是什么?

5. 辨析:“谋事在人,成事在天”这句俗语正确地揭示了主观能动性受客观规律的制

约。

三、论述题

1. 中职毕业生走上社会之后一些人总是眼高手低，高不成低不就，埋怨社会就业岗位少，但社会上却存在着许多事无人干的现实局面。

请结合相关知识论述出现这种社会现象的原因。

2. 面对金融危机带来的严峻就业形势，许多大学生毕业就业观点正在发生改变。他们将期望值降低，主动调整择业标准，愿意从基层干起，从一线做起。还有一些医学护理专业的大学生放下架子应聘足疗师、按摩师等岗位。有的大学生足疗师还说要消除行业偏见，做服务行业不是丢人的事情。

请分析材料，论述材料体现的哲学原理。

3. 力克·胡哲一出生就没有四肢。从小受尽嘲笑和捉弄。但是他却拥有两个大学学位，是两个机构的负责人，同时投资房地产和股票。打鼓、足球、游泳、骑马样样皆能，足迹遍布世界各地。这个34岁的年轻人虽然没有四肢，但是他却如此自信坦然地面对生活，以他精彩的人生感动着身边的每一个人，被人们称之为生命战士。他的演讲词里说道："如果这个世界认为你不够好，别去相信，就当它是个谎言吧。""人们看到我说话，就会忘记我没有手脚。"

请结合材料论述如何正确地发挥自觉能动性。

第二单元

用辩证的观点看问题 树立积极的人生态度

导语

我们在人生中会遇到各种各样的情况和问题，有成功的喜悦，也有失败的泪水。在问题面前，不同的心态对我们的人生产生不同的作用，积极的心态使我们充满信心和希望，拥有战胜困难的勇气和力量；消极的心态使我们消沉失落，看不到生活的阳光和快乐。在人生中不同的事物和经历，具有不同的作用，成功给我们带来欢乐，也暗藏失败的危机；失败虽然使人沮丧，但也为成功积累经验，人生中的种种情况都在不断地变化发展。我们要学会用辩证的观点看问题，树立积极的人生态度，正确地处理人生中遇到的各种问题，营造良好的人际关系，促进人生发展，解决人生矛盾，使人生道路更加宽阔，从而走向成功。

第五课　普遍联系与人际关系

名人名言

辅车相依，唇亡齿寒。

——《吕氏春秋》

哲学故事

城门失火，殃及池鱼

有一座城池的城门外，有一条宽阔的护城河，一群鱼儿快乐地生活在护城河中。一天，城门意外失火了，河中的一条鱼儿看见了，对其他的鱼大叫说："不好了，城门失火了，快跑吧！"但是其他鱼儿都不以为然，认为城门失火，离河岸很远，用不着大惊小怪。城中居住的人们拿着装水的东西来到河边取水救火。过一会，火被扑灭了，河中的水也变小了，满池的鱼都遭了殃。

△▲想一想

河中的鱼与城门的失火有什么关系？为什么城门着火河里的鱼会遭殃？

一、用普遍联系的观点看问题

联系指事物之间及事物内部各要素之间相互影响、相互作用、相互制约的关系。

(一)联系的普遍性与客观性

1.联系具有普遍性

联系是普遍的,事物内部各要素之间相互联系,构成事物的整体;任何事物都与周围其他事物相联系,孤立的事物是不存在的;世界是一个相互联系的有机整体。

我们生活的世界纷繁复杂,动物、植物、微生物以及各种自然元素共同构成了自然界,人以及人与人之间的人际关系构成了人类社会。在地球发展的过程中,自然界中的动物、植物、包括人类,都受到自然环境的影响。同时动物的生存,植物的生长以及人类的活动也会影响自然界的环境。在校园生活中,我们每一个同学都是学校的一个组成要素,在班级内部同学之间相互联系,关心友爱,形成和谐的班级氛围,师生之间春风化雨,教学相长,形成良好的教学关系;在学校内部各个班级相互竞争,共同进步,形成良好的校风学风。

2.联系具有客观性

事物之间以及事物内部各要素之间的联系不以人的意志为转移,人们不能臆想不存在的联系,也不能消灭和改变客观联系本身。联系是事物所固有的,人们可以根据事物固有的联系,改变联系的具体形式,创造新的联系。

哲学故事

智子疑邻

宋国有个富翁,因下大雨,家里的围墙被冲毁,坍塌下来。他儿子说:"如果不赶紧修筑它,一定会有盗贼进来。"隔壁的老人也这么说。可富人没有听他们的话。这天晚上果然丢失了大量财物。他家人很赞赏儿子聪明,却怀疑偷盗财物的事情是隔壁那个老人干的。

△▲想一想

墙坏与被盗之间有联系吗?邻居的老人与被盗之间有联系吗?宋人为何会怀疑邻居的老人呢?

我们在认识事物时要学会把握事物之间的联系，也要把握事物内部要素之间的联系，对客观存在的联系不能否认逃避，视而不见；对不存在的联系不能想象，人云亦云。

联系具有客观性并不是说事物的联系无法改变，人们可以根据事物固有的联系改变事物的状态，调整原有的联系，建立新的具体的联系。

知识链接

“南水北调工程”是指把长江流域水资源自其上游、中游、下游，结合中国疆土地域特点，分东、中、西三线抽调部分送至华北与淮海平原和西北地区水资源短缺地区。

工程方案构想始于1954年国家主席毛泽东视察黄河时提出。自此，在分析比较了50多种方案基础后，调水方案获得一大批富有价值的成果。工程规划区涉及人口4.38亿人，调水规模448亿立方米。工程规划的东、中、西线干线总长度达4350公里。东、中线一期工程干线总长为2899公里，沿线六省市一级配套支渠约2700公里。

2012年9月，南水北调中线工程丹江口库区移民搬迁全面完成。南水北调工程主要解决我国北方地区，尤其是黄淮海流域的水资源短缺问题。通过三条调水线路与长江、黄河、淮河和海河四大江河的联系，构成以“四横三纵”为主体的总体布局，以利于实现中国水资源南北调配、东西互济的合理配置格局。2016年1月8日10时，南水北调东线台儿庄泵站开机运行，标志着东线一期工程2015—2016年度供水开始。

(二)联系具有多样性和条件性

在现实世界中事物千差万别，联系也是复杂多样的，在物质世界中联系分为：直接联系和间接联系，内部联系和外部联系，必然联系和偶然联系，本质联系和非本质联系。不同性质的联系在事物发展过程中起不同的作用，事物之间，事物内部要素之间的联系都是有条件的，这种条件是客观的。

知识链接

直接联系是指两事物之间不需要通过任何中间环节而发生的联系。间接联系是指两个事物之间需要通过一定的中间环节才能发生的联系。内部联系指事物内部各要素之间的联系，外部联系指事物与周围其他事物之间的联系。必然联系是事物发展过程不可避免的，必定如此的趋势，它是一种本质的联系；偶然联系是事物发展过程中并非必定发生的，不确定的趋势，它是一种非本质的联系。本质联系是事物内在的、必然的、规律性的、稳定的联系，它对事物的性质及其发展方向起着主要的决定的作用；非本质联系是事物及事物之间外部的、表面的、偶然的、不稳定的联系，它对事物的发展只起影响的作用。

事物之间的任何一种联系都是在一定的条件下的联系。我们在学习生活中看问题、办事情不能只看到事物表面的、直接的、眼前的联系，而忽视事物之间本质的、间接的、长远的联系。条件是指与某一事物相关联的、对它的存在和发展发生影响的诸要素的总和。我们面对生活中的具体联系时，一切以条件、时间、地点为转移。人们的一切活动必须建立在尊重客观实际、具体分析客观条件的基础之上，一旦事物之间存在和发展的条件发生变化，则事物之间的联系也有可能产生变化。我们在学习生活中不但要把握事物之间各种各样的联系，也要把握事物联系的各种条件。

哲学故事

一时之利与百年大计

春秋时期，周王室势微，各个诸侯国都在争夺霸主的地位，晋文公与楚国作战，遵守诺言退避三舍，楚军紧追不舍，晋文公率军与楚国对峙。楚国军队十分强大，他问舅父狐偃如何才能战胜强大的楚军，狐偃献计用欺骗的办法。他又问雍季如何处理，雍季说："使河流干涸而捕鱼，难道会没有收获吗？但第二年就没有鱼了；烧毁树林来打猎，难道会没有收获吗？但第二年就没有野兽了。用欺骗和作假的方法，即使如今有用，以后却不会再有第二次了，这不是长久之计，打仗还是要靠实力。

晋文公采用狐偃的计策，作战时胥臣把马蒙上老虎皮，先攻陈、蔡两军，陈、蔡两军奔逃，楚军的右翼部队溃散，狐毛派出前军两队击退楚军的溃兵。栾枝让车子拖着木柴假装逃走，楚军追击，原轸、郤溱率领中军的公族拦腰袭击。狐毛、狐偃率领上军夹攻子西，楚国的左翼部队溃散。晋军打败了楚军，但在论功行赏时雍季却在狐偃之上。晋文公说："我们怎么能认为一时之利要比百年大计重要呢？"班师凯旋之后，晋文公在国内革新内政，励精图治，使晋国呈现了"政平民阜，财用不匮"的昌盛景象，为晋国的霸主地位奠定了坚实的基础。

△▲想一想

晋文公的选择是侧重于眼前的利益还是长远的利益？我们应该怎样看待事物之间的联系？

(三)用普遍联系的观点全面地看问题

我们要用普遍联系的观点看问题,防止孤立的、片面的观点。看问题时不能一叶障目,既要看到事物中各要素的联系,也要观察发现事物与其他事物的关系,从而更全面地分析问题、解决问题。

知识链接

党的十八大以来,以习近平同志为总书记的党中央从坚持和发展中国特色社会主义全局出发,提出了全面建成小康社会、全面深化改革、全面依法治国、全面从严治党的战略布局。"四个全面"战略布局是有机联系、相互贯通的顶层设计,全面建成小康社会是处于统领地位的战略目标,全面深化改革、全面依法治国、全面从严治党是实现这一目标的三大战略举措,进一步明确了新形势下党和国家各项工作的战略方向、重点领域、主攻目标,开辟了我们党治国理政的新境界,为实现"两个一百年"奋斗目标和中华民族伟大复兴的中国梦提供了行动指南。

党的十八大提出,倡导富强、民主、文明、和谐,倡导自由、平等、公正、法治,倡导爱国、敬业、诚信、友善,积极培育和践行社会主义核心价值观。富强、民主、文明、和谐是国家层面的价值目标,自由、平等、公正、法治是社会层面的价值取向,爱国、敬业、诚信、友善是公民个人层面的价值准则。

"富强、民主、文明、和谐",是我国社会主义现代化国家的建设目标,也是从价值目标层面对社会主义核心价值观基本理念的凝练,在社会主义核心价值观中居于最高层次,对其他层次的价值理念具有统领作用。

"自由、平等、公正、法治",是对美好社会的生动表述,也是从社会层面对社会主义核心价值观基本理念的凝练。它反映了中国特色社会主义的基本属性,是我们党矢志不渝、长期实践的核心价值理念。

"爱国、敬业、诚信、友善",是公民基本道德规范,是从个人行为层面对社会主义核心价值观基本理念的凝练。它覆盖社会道德生活的各个领域,是公民必须恪守的基本道德准则,也是评价公民道德行为选择的基本价值标准。

我们中职学生在人生发展过程中要全面关注自己的身心成长,既要重视身体成长,也要重视心理健康发展;既要看到自我成长中个人人格的独立性,也要重视个人在社会生活中的联系,建立良好的人际关系,促进自我成长,为社会主义建设发展做出贡献。

(四)把握事物内部各要素之间的联系

我们要从整体上把握事物的联系,处理好局部与整体的关系。在认识事物的过程中要树立全局观念,从宏观角度看待整个事物;同时也要重视局部的地位和作用,认清局部在整体中的重要意义,把局部问题放到整体中去把握处理;在局部利益威胁到全局,整体利益不可兼得时,应果断舍弃局部,保证全局。

在人生发展过程中要处理好个人与集体的关系,集体由每一个个人组成,我们既要看到集体为个人发展提供各种有利条件,也要看到个人在集体中的地位和作用。

(五)把握事物之间的联系

把握事物之间联系的多样性和复杂性,注意区分不同联系的特点,提高自己发现问题,解决问题的能力。事物的联系复杂多样,有显性的联系也有隐性的联系,在已知的事物中也存在着未知的联系。不同性质的联系在事物中地位和作用不同。

在人生发展过程中要善于把握事物之间复杂多样的联系,提高自己分析问题的能力,使我们认识更加深刻,方法更加科学,思想上的突破可以使我们在实践中有所创新。

知识链接

唯物辩证法是用联系的、发展的、全面的观点看问题的方法,认为物质世界是普遍联系和不断运动变化的统一整体。普遍联系和永恒发展是世界存在的两个总体基本特征,从总体上揭示了世界的辩证性质。矛盾的观点(即对立统一)是唯物辩证法的核心。

形而上学是片面的、孤立的、静止的观点看问题,是与辩证法相对立的思维方法。这种观点否认事物之间存在的联系与事物变化发展的过程,认为事物是彼此孤立、绝对静止、固定不变的,将事物的变化仅仅归结为数量的增减和位置的移动。形而上学也否认事物内部矛盾的存在,认为事物变化的原因是外部力量的作用。

二、用普遍联系的观点看待人际关系

我们生活在世界上,从出生的一刻就处在各种各样的人际关系之中。社会由形形色色的人组成,人们在生活、学习、工作和娱乐的过程中相互交往,志趣相投、志同道合的人在交往过程中会结成朋友关系。

个人是社会的基本组成要素,人们在社会中通过人际交往建立基本社会联系。人际关系就是人们在社会中通过物质交往和精神交往而建立发展的人与人之间的关系。

人际交往在社会的发展进步过程中起着重要的推动作用。

知识链接

感觉剥夺指的是有机体与外界环境刺激处于高度隔绝的特殊状态。外界的声音刺激、光刺激、触觉刺激都被排除。第一个以人为被试者的感觉剥夺实验是1954年在加拿大的一所大学的实验室进行的。实验要求所有的被试者每天24小时除了吃饭和上厕所,尽可能长时间的躺在有光的小屋的床上,同时严格控制被试者的感觉输入。

实验报告反映,大多数被试者在实验中,对任何事情都不能进行清晰的思考,他们不能集中注意力,思维活动似乎是"跳来跳去"的。感觉剥夺实验停止后,这种影响仍在持续。感觉剥夺影响了复杂的思维过程或认识过程。

世界是一个相互联系的有机整体,自然界中存在着普遍的联系,人类社会中人际关系也是多种多样、无处不在的。每个人在自身构建的人际关系中生存发展,离开了人际关系,个人在社会中是无法生活的。

人际关系多种多样、复杂多变,这种复杂多样性由人的社会联系和社会活动的广泛性、多样性和人的社会角色的多样性决定。每个人的世界观、人生观、价值观不同,就会形成吸引与排斥,领导与服从,合作与竞争等不同的人际关系。

知识链接

人伦指人与人之间的道德关系。人有五伦:父子、君臣、夫妇、兄弟、朋友。父子有亲,君臣有义,夫妇有别,长幼有序,朋友有信。

"人之有道也,饱食暖衣,逸居而无教,则近于禽兽,圣人(按,指舜)有忧之,使契为司徒,教以人伦:父子有亲,君臣有义,夫妇有别,长幼有序,朋友有信。"(《孟子·滕文公上》)

我们中职学生在处理人际关系时应注意建立正确的世界观、人生观、价值观,把握好自己的交往角色,兼顾彼此的各种社会联系,尊重他人、关心友爱、将心比心,做一个受人欢迎的人。

三、在复杂多样的联系中构建和谐的人际关系

我们应用联系的观点处理人际关系,全面地认识一个人,不光要认识这个人的性格、爱好,还要认识这个人背后的各种社会关系。我们中职学生要学会从社会关系总和

的角度进行人际关系的经营，把个人放在社会的整体中发展，进而科学地、健康地构建自己的人际关系，形成积极的人生态度；反之，以孤立的、片面的观点处理人际关系，就会使自己变得冷漠、自私、自我封闭、排斥他人，形成消极的人生态度。不同的人生态度，会对人生产生不同的作用与影响。

（一）人际和谐的重要作用

人际和谐是每个人心理健康发展的需要，在人际交往中人与人之间形成爱护、关怀、信任、包容的关系以及在此基础上建立的友谊，满足了人在成长过程中的精神需要。和谐的人际关系能使人具有开朗的性格和乐观的态度，同时树立人的自尊自信，进而使人生充满正能量。

和谐的人际关系能形成良好的社会环境，人与人之间宽容友爱、互相尊重是社会稳定、国家发展、民族强盛的基础。

哲学故事

将相和

廉颇是赵国的一名杰出的将军。赵惠文王十六年，廉颇做赵国的将领，率兵攻打齐国，一举大败齐军，攻占了阳晋，于是被封为左上卿，以勇猛善战闻名于各诸侯国。

蔺相如是赵国人，他是赵国宦官缪贤的门客，在出使秦国献和氏璧的过程中智勇双全，既没有损失赵国的利益，也没有使秦国出兵，立下大功。回国之后，赵王认为他是个贤能的大夫，出使到诸侯国家能不受欺辱，就任命他做上大夫。渑池之会蔺相如威武不能屈，以死相逼秦王击缶，为赵王挣回颜面，保存了赵国的利益，回到赵国，由于蔺相如功劳大，被封为右上卿，位在廉颇之上。

廉颇说："我是赵国的大将，有攻城野战的大功，而蔺相如只凭言词立下功劳，他的职位却在我之上。再说相如本来是卑贱的人，我感到羞耻，不甘心自己的职位在他之下！"扬言说："我遇见蔺相如，一定要羞辱他。"相如听到这些话后，不肯和他碰面，每逢上朝时常常推说有病，不愿跟廉颇争位次。过了些时候，蔺相如出门，远远看见廉颇，就掉转车子避开他。蔺相如的门客就一齐规谏说："我们离开亲人来侍奉您，不过是因为仰慕您的高尚品德节义啊。现在您与廉颇职位相同，廉将军口出恶言，您却害怕他躲避他，怕得太过分了。

就是普通人对这种情况也感到羞耻，更何况是将相呢！我们没有才能，请允许我们告辞离开吧！”蔺相如坚决挽留他们，说：“你们看廉将军与秦王相比哪个厉害？”门客回答说：“廉将军不如秦王厉害。”蔺相如说：“以秦王那样的威势，我蔺相如却敢在秦国的朝廷上呵斥他，羞辱他的群臣。蔺相如虽然才能低下，难道偏偏害怕廉将军吗？强大的秦国之所以不敢轻易对赵国用兵，只是因为赵国文有蔺相如，武有廉颇啊！现在如果两虎相斗，势必不能共存。我之所以这样做的原因是以国家之急为先而以私仇为后！”

廉颇听到这话，十分惭愧，就脱去上衣，赤裸上身，背着荆条，由宾客引导到蔺相如家的门前请罪，说：“我这个粗陋卑贱的人，想不到将军宽容我到这样的地步啊！”两人终于相互和好，成为生死与共的朋友。

△▲想一想

蔺相如以自身的修养与见识宽容忍让廉颇，使赵国国家安定，内政有序，人民安居乐业，廉颇也能够及时醒悟，负荆请罪，二人最后成为生死之交，我们应该怎样去营造自己的人际关系？

人际和谐有利于人的自我价值的实现，和谐的人际关系中我们能够建立真正的友谊。一方面有利于我们在互相学习中成长，不断完善自己；另一方面在人际交往中有利于我们获得社会经验和社会生活能力。人与人之间互相帮助、互相支持，使每个人能更好地实现自我价值。

（二）构建和谐人际关系的途径

1.互相尊重，平等相处。互相尊重是平等交往的基础，在人际关系当中，人与人之间是平等的，所有人的人格和权利都一样应受到尊重。在交往中，不歧视、不欺人，是建立良好人际关系的第一步。

2.宽容待人，换位思考。在人际关系中互相尊重，平等交往，每个人都有自己的个性，与人交往过程中能够将心比心、换位思考、替别人着想，最大限度地理解对方、体谅对方、包容对方，有容人之量，在宽容理解他人的同时，也使自己的心胸变得更加开阔。

3.待人真诚，彼此信任。与人交往不但要将心比心，还要以心换心，在交往过程中人与人之间真诚相处、以诚待人、信守诺言。诚实信用是做人基本的道德要求，也是培养健康人格的必要条件，朋友之间的真诚信任是维护人际关系的基本保障。

4.团结友善,关爱他人。维护健康的人际关系,人与人之间发自内心的友善和诚挚的关爱是交往中必不可少的润滑剂。以友好的态度与人相处,可以快速地消除隔阂并增进感情,使生活充满阳光和快乐。

(三)以和为贵是中国传统文化的要求

和谐是中国的传统文化,中华民族崇尚以和为贵。"和谐"作为中国传统文化的核心价值观,是我国改革发展进入关键时期的客观要求,体现了人民群众的根本利益和共同愿望,也是我们应当树立的人生态度。

我们应当以积极的态度构建和谐的人际关系。和谐是不同事物之间兼容并蓄,相辅相成,共同发展的关系。人际和谐也意味着不同的人们之间平等相处、互相尊重、包容互补、互助互利、团结一致、安定有序、齐心协力、共同发展。

和谐中也包含差别和分歧,"和而不同"是对人际和谐的基本阐释。在人际交往中人与人之间在根本利益和目标一致的条件下达到求同存异、化解矛盾,实现整体的平衡状态,是人们求生存、求发展的共同利益决定的。

我们在人际交往中会遇到各种各样的人,有的与自己想法一致、习惯相似、爱好相同,很快能够成为朋友,有的与自己观念相左、爱好不同。面对这两种不同的人,我们在构建人际关系时,都应该平等相待、互相尊重,在目标一致的基础上求同存异,不要敌视、贬低与自己合不来的人。

哲学故事

孔融让梨

东汉末年,有个名叫孔融的孩子,十分聪明,也非常懂事。孔融还有五个哥哥,一个小弟弟,兄弟七人相处得十分融洽。

有一天,孔融的妈妈买来许多梨,一盘梨子放在桌子上,哥哥们让孔融和最小的弟弟先拿。

孔融看了看盘中的梨,发现梨子有大有小。他不挑好的,不拣大的,只拿了一只最小的梨子,津津有味地吃了起来。爸

爸看见孔融的行为，心里很高兴，心想：别看这孩子刚刚四岁，却懂得与人谦让的道理呢。于是他故意问孔融："盘子里这么多的梨，又让你先拿，你为什么不拿大的，只拿一个最小的呢？"

孔融回答说："我年纪小，应该拿个最小的，大的应该留给哥哥吃。"

爸爸接着问道："你弟弟不是比你还要小吗？照你这么说，他应该拿最小的一个才对呀？"

孔融说："我比弟弟大，我是哥哥，我应该把大的留给小弟弟吃。"

爸爸听他这么说，哈哈大笑道："好孩子，你真是一个好孩子，大家应该像你这样做。"

△▲想一想

孔融在兄弟在相处过程中为别人着想，对兄长礼让，对弟弟友爱。我们在人际交往中怎样做才能够建立和谐的人际关系呢？

在人的一生中会遇到风雨挫折，也会有彩虹阳光，和谐的人际关系中我们有知心的朋友、体贴的家人、睿智的师长，在困难时给我们安慰、鼓励、支持和指导，使我们积极地走出困境；在我们感受成功的快乐时，分享我们的喜悦，由衷地为我们加油喝彩。

（四）人际交往的法则

在人生中，每个人都希望自己有良师益友陪伴自己前行。在人生道路上，每当自己迷茫或者陷入困境时，有人可以指点自己，有人可以帮助自己；每当自己成功时，可以有人分享自己的喜悦；每当自己骄傲时，可以有人提醒自己。可是良师益友并不是每个人都能够遇到，在社会生活中，慎重选择朋友，积极维护人际关系，才能获得人生路上的益友。

人际关系构成每个人生存发展的社会精神环境，我们要像爱护生态环境一样爱护我们的人际环境。人际关系与世界中的其他联系一样，也是客观的，但是我们可以通过自己的努力发挥主观能动性，建立新的人际关系并改善现有的人际关系。

1.要走出孤独，主动交往。我们要自觉地参加社会生活。扩大自己的社会联系，建立积极健康的人际关系。每个人都在一定的社会关系中成长和发展，我们中职学生在自己的学习生活中有许多的人际关系，但有的同学表现得消极被动，缺乏自信，限制了自身的活动范围和发展的可能性，因而错失发展机会。主动投入，积极交往是建立良好人际关系的第一步,主动积极地交往使自己的生活变得愉快而精彩。

2.学会与人共处,和谐共事。在与人相处的过程中要彼此尊重和诚信,学会相互配合,学会和朋友分享合作的成果和成功的喜悦。

3.积极建立真正的友谊。我们在学习生活中每个人都渴望友谊的关爱,青年时期正是人生中构建友谊的关键时期,渴望能够得到彼此帮助、彼此照顾、彼此倾诉的友谊,但又发现寻找真正的友谊很难,这使得友谊更加珍贵。

哲学故事

真正的朋友

傍晚,一只羊独自在山坡上玩。突然从树木中窜出一只狼来,要吃羊,羊跳起来,拼命用角抵抗,并大声向朋友们求救。

牛在树丛中向这个地方望了一眼,发现是狼,跑走了;马低头一看,发现是狼,一溜烟跑了;驴停下脚步,发现是狼,悄悄溜下山坡;猪经过这里,发现是狼,冲下山坡;兔子一听,更是箭一般离去。山下的狗听见羊的呼喊,急忙奔上坡来,从草丛中闪出,一下咬住了狼的脖子,狼疼得直叫唤,趁狗换气时,仓惶逃走了。

羊回到家,朋友都来了,牛说:你怎么不告诉我?我的角可以剜出狼的肠子。马说:你怎么不告诉我?我的蹄子能踢碎狼的脑袋。驴说:你怎么不告诉我?我一声吼叫,吓破狼的胆。猪说:你怎么不告诉我?我用嘴一拱,就让它摔下山去。兔子说:你怎么不告诉我?我跑得快,可以传信呀。在这闹嚷嚷的一群中,唯独没有狗。

△▲想一想

在我们的身边有许多人,哪些人是真正的朋友?他们有什么特点?

在人生中真正的友谊,不是花言巧语,而是关键时候拉住自己的那只手。那些整日围在我们身边,使我们有些许小欢喜的人,不一定是真正的朋友。而那些看似远离,实际上时刻关注着我们的人,在成功快乐的时候,不去阿谀奉承;在有困难,需要帮助的时候,默默付出的人,那才是真正的朋友!

4.学会辨别益友和损友

在人生中形形色色的人不断出现在我们的学习生活中,辨别益友损友是建立真正友谊的关键。所谓益友是正直的人，诚信的人，见闻广博的人；所谓损友是指谄媚奉承的人，背后诋毁他人的人，巧言令色的人。朋友是人际关系中与自己交往密切，感情深厚的人，对我们学习生活影响很大。结交“益友”可以“以人为鉴”不断进步；结交“损友”则会使人误入歧途，深受其害。

哲学故事

近朱者赤，近墨者黑

晋朝大臣傅玄品学兼优，为人正派，很受皇帝敬重。皇帝请求他做太子的老师，不仅教太子学问，更重要的是教太子如何做人。

太子府里除了宫女、太监外还有很多为太子办事的官员，各式各样的人都有。他们大都是为了讨好太子，阿谀奉承，以求将来太子登基赏他们一官半职。当时太子年纪尚轻，十分贪玩，在傅玄之前，也有几位老师，可是这些老师不敢严格要求太子，偶尔太子还以捉弄老师为乐。傅玄来了以后，在功课上严格要求太子，可是太子贪玩的心还是没有收回来，老师一走就又胡闹起来。太子身边的人几乎没有人敢劝阻太子，事事听从他的安排。傅玄看了这一切心里十分忧虑，心想：皇上把教导太子的重任交给我，我不能辜负皇上的厚爱，太子与这样的一群人在一起是很难学好的，我必须让他意识到事情的严重性啊！

一天，当傅玄在给太子讲课的时候，他讲道：“要想做一个好人，做一个好皇帝，一定要接近正派的人。如果常接近朱砂，就一定被染红；而常接近墨水就会被染黑，对自己一定要严格要求，行为要端正，只有这样，周围的人才会跟你学，正派的人才会聚拢到你的身边。譬如，声音清亮，回声就一定甜美；自己站的端正，影子就一定不会歪斜。”太子听不太明白，问傅玄到底想要说什么。傅玄解释说：“您如果接近正人君子，那么符合道义的话就会听得多，自己的行为就会逐渐符合规范和准则。倘若您多接近小人，那就有如进入卖鲍鱼的店一样，时间久了，您就闻不到兰花的香味了。”太子听后，陷入了沉思，想想自己平时不学无术，就知道任性玩耍，而身边却没有一个人敢像老师一样直言劝诫，心中不由得感叹自己的确做错了。不久皇帝听说了这件事，很欣赏傅玄说的那段话，就让人把这些话写在屏风上，放在太子房中，让他每天读一遍，以时刻提醒自己，勉励自己。

△▲想一想

傅玄以朱砂和墨汁比喻周围环境对一个人的影响，我们在人际交往中应该怎样去选择呢？

5.学会经营和维护友谊

我们中职生想要建立真正的友谊还需要对友谊用心呵护，友谊之花才能常开不败。与朋友交往要做到诚实信用，包容理解，关键时刻勇于相助，在互相帮助中共同成长。

人生故事

风沙与石头

在阿拉伯有这样一个传说故事，有两个朋友在沙漠中旅行，在旅途中的某天他们吵架了，一个还给了另外一个一记耳光。被打的觉得受辱，一言不语，在沙子上写下："今天我的好朋友打了我一巴掌。"

他们继续往前走。直到到了沃野，他们就决定停下。被打巴掌的那位差点淹死，幸好被朋友救起来了。被救起后，他拿了一把小剑在石头上刻了："今天我的好朋友救了我一命。"

一旁的朋友好奇地问道："为什么我打了你以后，你要写在沙子上，而现在要刻在石头上呢？"

另一个微笑着回答说："当被一个朋友伤害时，要写在易忘的地方，风会负责抹去它；相反的如果被帮助，我们要把它刻在心里的深处，那里任何风都不能抹灭它。"

△▲想一想

应该怎样与朋友相处，才能友谊长存？

朋友间相处，偶然的伤害往往是无心的，给予的帮助却是真心的，忘记那些无心的伤害，铭记那些真心的帮助，我们会发现这世上有很多真心的朋友。在日常生活中，就算是最要好的朋友也会有意见不同，发生摩擦的时候，我们也许会因这些摩擦而生疏远离,但每当自己回想起来,真正的友谊会在记忆中如宝石般闪闪发光。

6.把握交往的尺度

在建立友谊时还需要特别注意把握交往的度。朋友交往的过程中,尤其是与异性相处要把握好距离。男女同学在交往过程中扩大人际关系,建立友谊,有利于男女同学之间互相学习,提高学习效率,共同进步;有利于男女生突破心理局限性,建立丰富的心理品质,提高性别角色意识。掌握与异性正确交往的方法,会为将来的社会职业活动打下良好的基础。我们在与朋友交往的过程中要端正态度,树立健康的交往意识,建立和谐的人际关系。

第六课 变化发展与顺境逆境

名人名言

山重水复疑无路，柳暗花明又一村。

——陆游

哲学故事

士别三日当刮目相待

三国时期，东吴有一员大将名叫吕蒙。吕蒙英武过人，凭着高超的武艺屡建战功，为东吴政权立下了汗马功劳，年仅三十一岁时就被晋升为横野中郎将。

可是，吕蒙有一个弱点：他从小偏好习武，厌烦读书。十五岁当兵以后，更没有读书的机会。他识字不多，当了将军以后有事上书，只得找人代笔。东吴的君主孙权告诉他："你现在当将军，运筹帷幄，带领众多的士兵，不可以像以前一样不学习啊！"吕蒙推辞说："我带了好多士兵，每天那么多事情，没有时间看书啊！"孙权知道这是吕蒙为逃避看书学习找的借口，继续劝告他："我又不是让你精通儒学做博士去，只是让你博览群书，知道历史，从历史当中有所学习。吕蒙听了沉思了一会，点点头说："我明白了，我一定好好读书。"

吕蒙回到家闭门谢客，从此，开始拜师学文。吕蒙心想：昔日，我能在战场上消灭顽敌，今朝，我照样能战胜这些书本，学得满腹经纶！吕蒙经常挑灯夜战，他先从读兵书入手，后来又开始读经史古籍。功夫不负有心人，几年过去了，吕蒙的才学突飞猛进，与当初的吕蒙简直判若两人。

一次,鲁肃到吕蒙的家拜访,谈论起镇守边关的计谋时,吕蒙引经据典,很有见地。鲁肃听得连连点头,赞叹道:"今日的吕蒙口若悬河,学问和谋略有这么大的长进,已不再是原来的吕蒙了。"吕蒙笑道:"读书人分别三天,都要重新认识他,何况我读了这么久的书,你也要用新的眼光认识我啊!"

几年后,吕蒙设奇计,兵不血刃夺取了蜀国三郡,定计智取南郡,擒杀关羽,夺回荆州。

△▲想一想

吕蒙下定决心苦读诗书,最后智勇双全、无往不胜的事例,给我们带来怎样的启发呢?

在人生中,每个人,每一天都发生着变化。宇宙间一切事物都处在绝对运动当中,而静止是相对的、有条件的。从长远的过程看,世界上的万事万物都是变化发展的,一成不变的事物是不存在的。整个世界也是一个由无数事物组成的生生不息,永无止境的无限发展过程。

一、用变化发展的眼光看世界

(一)发展是前进的、上升的运动

事物的变化发展不仅是数量上的增加,更是本质属性上的进步,是事物从一种质态转变为另一种质态或从一种运动形式中产生出另一种运动形式的过程,特别是指人类所处的现实世界中从低级到高级、从无序向有序、从简单向复杂的上升。发展是事物自身性质的突破和飞跃,是新事物代替旧事物的、前进的、上升的运动。所谓新事物,指符合事物发展规律,具有强大生命力和远大前途的事物。旧事物指丧失存在必然性,日趋灭亡的事物。新事物与旧事物的评价标准并不是出现时间的先后,形式的新颖与否,而是这一事物是否符合事物发展的必然趋势。

知识链接

《星星之火,可以燎原》是毛泽东在1930年给林彪的一封信,是为答复林彪的一封对红军前途究竟应该如何估计征求意见的信。毛泽东在这封信中分析了当时中国革命的现状,进一步阐释了农村包围城市,武装夺取政权的革命理论,指出了中国革命高潮迅速到来的可能性,批评了林彪以及党内一些同志对时局的一种悲观的思想。毛泽东说:"'星火燎原'的话,正是时局发展的适当的描写。只要看一看许多地方工人罢工、农民暴动、士兵哗变、学生罢课的发展,就知道这个'星星之火',距'燎原'的时期,毫无疑义地是不远了。"

新事物在旧事物中产生,克服了旧事物中消极、落后的内容,保留了积极合理的因素,并且具有旧事物中没有的先进性,新事物代替旧事物是必然的。以马克思主义为指导的中国共产党在中国革命中产生,在革命道路上发展,代表人民群众的根本利益,具有地主阶级与资本主义所不可比拟的优越性,必能在革命中取得胜利。

我们在人生中学习发展,面对新事物会有种种疑问,原有的旧事物占据习惯的优势,也很难被改变。可是人生的过程不会因为我们的迟疑就停下脚步,我们要积极接受、学习掌握新事物、新技能、新知识,培养科学的良好习惯,为人生发展打下牢固的基础。

(二)发展的过程是前进的也是曲折的

事物发展是前进性与曲折性的统一。新事物产生之初从小到大,由弱到强,在与旧事物的斗争中不断发展壮大,前进性是事物发展的总体趋势。旧事物不会自动灭亡,在新事物成长过程中会不断地打击阻挠,扼制新事物成长,新事物在旧事物的挫折中不断完善,在循序渐进和反复曲折的过程中发展自身。在新事物与旧事物的斗争中,新事物克服旧事物中消极落后的内容,保留积极合理的因素,增加了旧事物所不具有的新内容,具有旧事物不可比拟的优越性,终将代替旧事物。

知识链接

中国革命的曲折道路

1923年6月,中共三大在武汉召开,集中讨论了国共合作,建立统一战线的问题。1927年国民革命军北伐取得胜利。1927年4月12日,蒋介石在上海反共政变,发动4·12大屠杀。7月14日,汪精卫在武汉召开"分共"会议,15日正式宣布同共产党决裂,对共产党开展大屠杀。8月18日,蒋介石在南京另立国民政府。第一次国共合作全面破裂,大革命最终失败。

1927年,南昌起义、秋收起义先后爆发。10月7日,毛泽东创建了井冈山革命根据地。1931年日军发动九·一八事变,开始了长达14年的侵华战争。1931年11月,中华苏维埃共和国临时中央政府在江西瑞金成立,1932年2月,中国东北全境沦陷。1934年10

月井冈山革命根据地失去，红军开始长征。1937年7月7日，卢沟桥事变，日军全面侵华。

1937年8月，国共第二次合作。9月，八路军取得平型关大捷，这是全面抗战开始后，中国军队的第一次重大胜利，粉碎了日军不可战胜的神话。1938年3月，台儿庄战役中，歼灭日军1万余人，取得大捷。1938年10月，日军占领广州武汉。1940年8月—12月，八路军发动百团大战。1941年1月，国民党发起第二次反共高潮，发动皖南事变，第二次国共合作失败。1945年9月3日，中国人民抗日战争胜利。

1945年8月—10月，国共两党，重庆谈判。1946年6月26日，国民党大举进攻中原解放区，挑起了全国性的内战。1948年9月—1949年1月，中国人民解放军发动三大战役，1949年4月21日，发动渡江战役，两天后人民解放军占领南京，蒋介石退守台湾，解放战争胜利。1949年10月1日，中华人民共和国成立。

中国革命的道路是曲折的，共产党在反对帝国主义侵略，反对资本主义的革命斗争中发展壮大。事物的发展不是一帆风顺的，而是波浪式前进，螺旋式上升，前途是光明的，道路是曲折的。

我们在把握事物的发展时，首先应肯定发展的基本方向是前进、上升的，但并不等于断定事物的具体变化只有一个方向，否认具体变化方向的多样性；其次应看到事物现实的发展过程中的上升、前进也不是单一的、孤立的过程，它还伴随第二个分支即下降的、后退的过程，看到事物发展中的曲折；最后事物发展中的上升也不是直线的、绝对的，而是包含局部或暂时的倒退、停滞在内的曲折前进的运动。

(三)用发展的观点看问题

我们想问题、办事情要着眼于发展，立足于发展，与时俱进。要把握发展的本质，学会辨别新事物和旧事物，促进新事物成长。如实地将事物看成一个变化发展的过程，明确事物在发展过程中所处的阶段，培养创新精神。正确把握发展过程中前进性与曲折性的辩证关系，不因一时的得失而迷惑，用长远的眼光看待发展过程中的曲折，在前进中保持清醒的头脑，准备走曲折的道路，在挫折中坚定方向毫不动摇。

我们中职学生正处于人生的学习阶段，面对各种人、事、物，我们要如何取舍是一个难题。在人生中我们要用发展的眼光看待事物，不要被眼前的利益与得失迷惑，也不要沉溺于一时的安逸轻松，更不要被阶段性的挫折与困难打倒，我们要选择有利于个人成长的环境和事物，使自己在人生发展过程中更加顺利。

二、用发展的观点看待人生过程

(一)人生发展是一个自然过程

人生是一个不断前进发展的过程,人生发展包括生理发展与精神发展。人在生理发展过程中遵循身体成长的自然规律,经历婴儿、幼儿、儿童、少年、青年、中年、老年等不同年龄阶段,每个人大致相同。精神发展指每个人品德、知识、思维能力、心理素质等综合素质的发展,以及在实践基础上自身对生活目标、人生价值的追求和创造。

知识链接

斯芬克斯是希腊神话中一个长着狮子躯干、女人头面的有翼怪兽。坐在特拜城附近的悬崖上,向过路人出一个谜语:“什么东西早晨用四条腿走路,中午用两条腿走路,晚上用三条腿走路?”如果路人猜错,就被残害而死。俄狄浦斯出色地猜中了谜底是人,斯芬克斯羞惭跳崖而死。

(二)人生发展也是一个前进性与曲折性统一的过程

人生发展的道路不是一往无前,直线进步的,而是一个循序渐进、曲折发展的过程。人只有在经历成功与失败的反复之后,才能成熟,获得发展。人生发展受到种种主客观因素的制约,生活环境的复杂多变,各种偶然因素共同作用,不可避免地会有挫折和逆境,人生是在曲折中向前发展的。

人生故事

贝多芬一生的奋斗

路德维希·凡·贝多芬(Ludwig Van Beethoven,1770—1827),德国最伟大的音乐家之一。出身于德国波恩的平民家庭,很早就显露了音乐上的才能,八岁开始登台演出。1792年到维也纳深造,艺术上进步飞快。贝多芬信仰共和,崇尚英雄,创作了大量充满时代气息的优秀作品,如:交响曲《英雄》《命运》;序曲《哀格蒙特》;钢琴奏鸣曲《悲怆》《月光》《暴风雨》《热情》等等。

贝多芬一生坎坷,没有建立家庭。二十六岁时开始耳聋,晚年全聋,只能通过谈话册与人交谈。但孤寂的生活并没有使他沉默和隐退，在一切进步思想都遭禁止的封建复辟年代里，依然坚守“自由、平等”的政治信念，通过言论和作品，为共和理想振臂呐喊，写下不朽名作《第九交响曲》。

他的作品受十八世纪启蒙运动和德国狂飙突进运动的影响，个性鲜明，较前人有了很大的发展。在音乐表现上，他几乎涉及当时所有的音乐体裁，大大提高了钢琴的表现力，使之获得交响性的戏剧效果，又使交响曲成为直接反映社会变革的重要音乐形式。贝多芬集古典音乐的大成，同时开辟了浪漫时期音乐的道路，对世界音乐的发展有着举足轻重的作用，被尊称为“乐圣”。

△▲想一想

我们在人生中应该怎样面对人生道路中的曲折？

在人生发展过程中我们中职学生要用积极的态度对待挫折和逆境，保持自强不息的进取精神，做好准备走曲折的道路。进取心是人生发展的内在精神动力，有积极进取的精神，人们才能克服困难，精益求精，不断向自己的目标迈进，更上一层楼，使人们的潜力得到最大的发挥。我们正处在中国社会建设变革的关键时期，只有奋力拼搏，积极进取，才能承担起社会历史重任，通过自身的发展推动社会进步。在人生发展过程中我们要有走曲折道路的思想准备，不畏惧曲折困难，在曲折中实现人生发展。

三、用变化发展的观点看待顺境与逆境

（一）顺境和逆境对人生具有重要的影响

人生是在曲折中发展的过程，在人生发展中不可避免地会出现顺境和逆境两种境遇，不论是顺境还是逆境都是对人生的考验。

顺境为人生发展提供机遇和有利条件。在顺境中人们自身成长迅速，人生目标可以顺利实现，价值需求可以得到满足，利于人们继续创造有利条件，一鼓作气不断取得成功。在体验成功的同时可以建立强大的自信，激发出更大的动力，从而形成人生发展的良性循环。

顺境也容易使人沉溺于安逸，养成懒惰和骄傲的性格，缺乏危机感和奋斗的冲动，这些正是导致人生失败的精神因素。长期处于顺境中的人，缺少挫折的磨炼，在逆境来

临时往往表现脆弱，在未来的人生发展中反而容易失败。因此在顺境中，我们要居安思危，培养忧患意识，善于抓住机会，利用有利条件，促进自身发展。

哲学故事

关羽大意失荆州

赤壁之战曹操败北，荆州七个郡被刘备、曹操、孙权三家瓜分。荆州不仅是诸葛亮所说的联吴抗曹的重要地理依据，更逐渐成为三国政治、经济、军事、文化的交叉、汇聚点。诸葛亮进川的时候，把守卫荆州的重任交给了关羽，并嘱咐他一定要联孙抗曹。可关羽骄傲自满，目中无人，硬是把孙权推到曹操那边去了。

早在刘备自立为汉中王的时候，曹操就派人约会孙权，共同夺取荆州。孙权不仅没有答应，反而愿和关羽结为儿女亲家。关羽听说大怒，对使者说："我的虎女怎么能嫁给那个犬子?"孙权见关羽实在无礼就决定趁关羽和曹军交战的机会，夺回荆州。

刘备得到蜀川后，将长沙、桂阳两郡还给了孙权(相当于还了南郡)。后来关羽出兵攻打曹操的襄樊地区，孙权派他的大将吕蒙把战士化装成商人的模样，骗过了关羽的江边守军，顺利渡江，趁关羽毫无防备，没伤一兵一卒就占领了荆州。

△▲想一想

我们在成功时少不了开心庆祝，可如何在成功时不骄傲自满，才是面对人生发展的难题。我们在顺境中应当怎样把握机遇，更好地发展自己呢？

在我们的人生中，成功是进步的阶梯，固然重要，可是也容易滋生骄傲自满的不良情绪。我们中职学生正处在人格品行的塑造阶段，面对成功要戒骄戒躁，总结成功经验，稳扎稳打，争取下一次的成功。

逆境可以磨炼人的意志。逆境中缺少人生发展的有利条件，使人们在人生过程中面临巨大的考验。坚毅执着、勇敢顽强的意志是强者的人格修养和素质，只有具备坚强的意志和勇气，才能承受各种磨难和压力，不被逆境摧垮，最终走向成功。人的意志并不是天生坚韧，而是在人生目标的指引下，在克服困难的挫折中不断磨炼出来的。

逆境可以帮助人们正确认识自己。在逆境中人们会遇到种种困难，自己的许多缺点和问题也暴露出来，促使人们反思自我的缺点和不足，及时调整自己的心态和行为方式，有利于促进人的成长。

逆境可以积累人生经验。成功的经验固然宝贵，在逆境中我们一样可以通过失败的经验总结教训，与成功的经验互相印证，互相比较，排除人生中不确定因素的影响，最终走向成功。

逆境可以催人奋进。在逆境中人们不甘于现状，想尽办法改变处境，强者会越挫越勇，弱者会一蹶不振。

人生故事

国士无双

韩信很小的时候就失去了父母，寄住在兄嫂家中，常常吃不饱饭。为了果腹，韩信在城下钓鱼。有几位老大娘也在河边漂洗丝绵，其中一位大娘看见韩信饿了，就拿出饭给韩信吃。几十天都如此，韩信对那位大娘说："我一定重重地报答老人家。"大娘生气地说："大丈夫不能养活自己，我是可怜你这位公子才给你饭吃，难道是希望你报答吗？"

一天一群恶少当众羞辱韩信。有一个屠夫对韩信说："你虽然长得又高又大，喜欢带刀佩剑，其实你胆子小得很。有本事的话，你敢用你的佩剑来刺我吗？如果不敢，就从我的裤裆下钻过去。"韩信自知形只影单，硬拼肯定吃亏。于是，当着许多围观人的面，从那个屠夫的裤裆下钻了过去。满街的人都笑话韩信，认为他胆小。

陈胜、吴广起义后，项梁也渡过淮河北上，韩信投奔了项梁，待在部队，默默无闻。项梁战败死后归附项羽，项羽让他做郎中。韩信多次给项羽献计，项羽不予采纳。刘邦入蜀后，韩信投奔刘邦，只做管理仓库的小官。后来韩信违反军规，处刑之时看到了夏侯婴，大声说："汉王不打算得天下吗？为什么杀掉壮士？"夏侯婴觉得此人言语不凡，就给他松绑，与他交谈，发现韩信才华非凡，于是进言刘邦，请求封赏韩信官职，刘邦只封韩信为一个管理粮饷的小官。

在管理粮饷期间，韩信多次同萧何交谈，萧何也十分赏识他的才能。刘邦被项羽封为汉王，从长安到达南郑，就有数十位将领逃亡。韩信估计萧何等人多次在刘邦面前举荐过自己而刘邦不用，也逃走了。萧何听说韩信逃走，来不及向刘邦报告便去追赶韩信。军中有人向刘邦报告“丞相萧何逃跑了。”刘邦大怒。过了两天，萧何回来见刘邦，刘邦又是生气又是喜欢，骂道：“你萧何怎么能逃跑？这是为什么？”萧何答道：“我不敢逃跑，我是追逃跑的人。”刘邦问道：“你去追回来的是谁？”萧何说：“韩信啊。”刘邦又骂道：“军官跑掉的有好几十，你都没有追；倒去追韩信，这是撒谎。”萧何说：“那些军官是容易得到的，至于像韩信这样的人才，是普天下也找不出第二个来的。大王假如只想做汉中王，当然用不上他；假如要想争夺天下，除了韩信就没有可以商量大计的人。只看大王如何打算罢了。”刘邦说：“我当然打算回东方去呀，哪里能够老闷在这个鬼地方呢？”萧何说：“大王如果决计打回去，能够重用韩信，他就会留下来；假如不能重用他，那韩信终究还是要跑掉的。”刘邦说：“我看你的面子，派他做个将军吧。”萧何说：“即使让他做将军，韩信也一定不肯留下来的。”刘邦说：“那么，让他做大将军。”萧何说：“太好了。”刘邦在萧何的建议下选择了一个好日子，自己事先沐浴斋戒，搭起一座高坛，按照任命大将军的仪式，诚心诚意拜韩信为大将军。

△▲想一想

人生有顺境也有逆境，在逆境中我们应该怎样应对，走出逆境呢？

顺境与逆境是辩证统一的，在人生发展过程中顺境与逆境互相贯通，互相转化。如果我们在顺境中贪图安逸，懈怠放纵，顺境就会转变为逆境；相反在逆境中积极发挥主观能动性，奋起搏发，逆境也同样可以转化为顺境。

哲学故事

塞翁失马，焉知非福

从前，有位老汉住在与胡人相邻的边塞地区，他很擅长术数，来来往往的过客都尊称他为“塞翁”。有一天，塞翁家的马不知什么原因，在放牧时跑到胡人那边去了。邻居们得知这一消息以后，纷纷表示惋惜。可是塞翁反而释怀地劝慰大伙儿："丢了马，当然是件坏事，但谁知道它会不会带来好的结果呢？"果然，没过几个月，那匹迷途的老马又从塞外跑了回来，并且还带回了一匹胡人骑的骏马。

于是，邻居们又一齐来向塞翁贺喜，并夸他在丢马时有远见。然而，这时的塞翁却忧心忡忡地说："唉，谁知道这件事会不会给我带来灾祸呢？"塞翁家平添了一匹胡人的骏马，他的儿子喜不自禁，于是就天天骑马兜风，乐此不疲。不幸的是塞翁的儿子因得意而忘形，一天从飞驰的马背上掉了下来，摔伤了一条腿，造成了终身残疾。善良的邻居们闻讯后，赶紧前来慰问，而塞翁却还是那句老话："谁知道它会不会带来好的结果呢？"又过了一年，胡人大举入侵中原，边塞形势剑拔弩张，身强力壮的青年都被征去当了兵，十有八九都在战场上送了命。而塞翁的儿子因为是个跛腿，免服兵役，父子二人也得以避免了这场生离死别的灾难。

△▲想一想

塞翁丢失马匹本是一个损失，但坏事在一定条件下可变为好事。当我们遇到挫折逆境时，应该怎样应对，才能扭转情境呢？

我们中职学生面对人生中的不同境遇时，不但要树立正确的态度，而且要学会自我调节。积极地管理自己的情绪，不放纵自己的快乐。不沉浸于消极情绪，保持稳定的心理状态，使自己的意志更加坚定。无论是顺境还是逆境，都将其看作是人生发展的宝贵经验。

（二）用正确的态度面对不同的境遇

在人生中我们要用积极宽和的心态面对不同的境遇，包容生活中的悲喜荣辱，得意时不轻傲张狂，失意时不自暴自弃。宠辱不惊，在顺境中有忧患意识，在逆境中不懈奋斗，不被困难击败。

顺境与逆境相互依存、相互转化，我们在逆境中更要积极面对，勇于发现问题、解决问题。

1.要正确处理好人格与境遇的关系，保持健康的人格。

对于中职学生来说，在人生的现阶段人格还没有完全形成，面对人生境遇的改变，有时会无所适从。人生的境遇随生活环境的变化而变化，我们的人格也在这个过程中不断地健全和成长。逆境磨炼人的意志，也考验人的品格，我们在逆境中一方面使自己的意志得到锻炼,另一方面要培养高尚的品格。困境与失败只是人生中的一阵风雨,终究会雨过天晴,而人格操守的丧失会给人生发展带来难以弥补的损失,使人难以从逆境中崛起。因此不论境遇如何艰难,我们都要保持真诚、善良、友好、负责任的好品质,通过自己的努力和他人的帮助走出逆境,同时还不丧失自己的原则底线。保持健康的人格,用积极地态度面对挫折和逆境。

2.要培养主动适应环境变化的能力

社会发展日新月异,我们的生活条件在不断地变化,人生境遇也有好有坏。在积极面对挫折与逆境时,我们要培养自己灵活应变的能力,不断开拓进取。与其在困难面前怨天尤人,不如面对现实,积极行动,靠自己的力量扭转局面,开创人生。

知识链接

明者因时而变,知者随事而制

2013年8月19日全国宣传思想工作会议上,习近平同志发表重要讲话,强调宣传思想工作一定要把围绕中心、服务大局作为基本职责,胸怀大局、把握大势、着眼大事,找准工作切入点和着力点,做到因势而谋、应势而动、顺势而为。

这个用典,出自汉代桓宽《盐铁论》卷二之枕边第十二篇:“明者因时而变,知者随事而制。孔子曰:麻冕,礼也,今也纯,俭,吾从众。故圣人上贤不离古,顺俗而不偏宜。鲁定公序昭穆,顺祖祢,昭公废卿士,以省事节用,不可谓变祖之所为,而改父之道也?二世充大阿房以崇绪,赵高增累秦法以广威,而未可谓忠臣孝子也。”

《盐铁论》的素材始于昭帝时期,授命整理则在宣帝时期,成书刊行则在元帝时期。汉昭帝始元六年(公元前81)盐铁会议之后,经过二三十年后,桓宽将文件整理成政论性散文集《盐铁论》。这一著作,记述了御史大夫桑弘羊和从全国各地召集来的贤良、学者们辩论的过程和内容。该次会议,废除了当时的全国酒类专卖和关内铁官制度,结束了汉武帝时代的经济管制政策。

汉宣帝刘询少遭不幸,流落民间,察知民间疾苦。即位之后,躬行节俭,下令节省开支,改革吏治,稳定社会局势,对外则大破匈奴和西羌,巩固西汉版图。刘询为人聪明刚毅,为政励精图治。在刘询执政的25年间,最大的作为就是重拳惩治贪腐,奉行为政宽简的策略。

汉宣帝的中兴之道,得益于诸多方面,根本的一条就是“明者因时而变,知者随事而制”,了解民情,把握趋势,与时俱进,开放而谋实。习近平同志引用这一典故,其用意显而易见,就是要因势而谋、应势而动、顺势而为,进而实现中华民族伟大复兴之梦。

3.要有积极的心态

在任何情况下，我们都要保持必胜的信念和积极向上的人生目标。取得成功时不忘初心，不去沉迷。正所谓“生于忧患，死于安乐”，坚持自己的目标继续奋斗；遇到挫折时不弃不馁，只要有明确的目标，人就会奋斗，目标就像人生中的灯塔，为我们指明方向，我们就会有勇气积极奋斗，改变处境，克服困难，战胜挫折。

哲学故事

孕沙成珠

珍是个女孩，她家世世代代都以采珍珠为生。她有一颗珍珠，是母亲在她离开家乡赴美求学的时候送给她的。在离开家之前，母亲很郑重地把她叫到身边，给了她这枚珍珠，然后对她说：“知道吗，当女工把沙子放进蚌的壳里的时候，蚌觉得非常难受，可是它又没有能力把沙子吐出去，所以这个时候它面临两个选择：第一，抱怨，让自己的日子更加难过；第二，努力让沙子变得不同，和自己和平共处。于是，蚌选择用自己的精华和营养将沙子重重包裹起来。”母亲接着说：“当沙子穿上蚌送它的衣服时，它就不再是沙子了，而是珍珠，变成蚌最有价值的一部分，对于蚌，它也不再是异物，而是蚌的荣耀，与蚌成为了一体。”

蚌没有大脑，是无脊椎动物，在整个生物进化的层次上扮演着很低端的角色。然而，当一个没有大脑的低等动物都知道要想办法去适应无法改变的环境，把不喜欢的东西经过努力来变成能和自己共处的，甚至是自己的一部分时，这样的智慧，为什么人类却想不明白呢？

△▲想一想

在人生当中有许多事情是我们不愿意去面对的，这些事情给我们带来挫折和困扰，河蚌把使自己难受的沙子变为珍珠，我们人生中经历的苦难与挫折，怎样才能变为我们自己宝贵的财富？

4.要重视经验的积累

过去不可改变，为打翻的牛奶哭泣是徒劳无功的。我们要正确看待过去，正视失败，不逃避，不欺骗，在失败中认真总结经验教训，积极寻找走出困境的道路。鲁迅曾说过:“世上本没有路,走的人多了就成了路。”成功也为我们的人生提供榜样和参考。古人云:“以史为鉴,可以知兴替;以人为鉴,可以明得失。”别人的经历和历史典故,以及自己的亲身经历都是我们经验积累的来源。经验是在人生的失败与成功中不断总结积累的,我们要积极面对人生,从失败中发现成功的可能,在成功中寻找正确的方法。

哲学故事

熟能生巧

陈尧咨擅长射箭,当时世上没有人能和他相比,他也凭着这一点自夸。曾经他曾在自家的园圃里射箭,有个卖油的老翁放下挑着的担子,站在一旁,不在意地斜着眼看他,久久地不离去。老翁见到陈尧咨射出的箭十支能中八九支,他也只不过微微地点点头赞许这情况。

陈尧咨看到了,跑过来问道:“你也会射箭吗?我射箭的本领难道不是很精湛吗?”老翁说:“没有什么别的奥秘,只不过是熟能生巧罢了。”陈尧咨听后愤愤地说:“你怎么敢轻视我射箭的技术!”老翁说:“凭着我倒油的经验就可知道这个道理。”于是老翁取过一个葫芦立放在地上,用铜钱盖在它的口上,慢慢地用勺子把油倒进葫芦,油从铜钱的孔中注进去,却不沾湿铜钱。老人说:“我这点手艺也没有什么别的奥秘,只是熟能生巧罢了。”陈尧咨见此,只好笑着尴尬地将老翁请走了。

△▲想一想

无论是射箭还是倒油,都是一个从不会到十之八九,再到箭无虚发的积累过程,人生中任何事情都是如此,经验是在实践中不断增加的,成功也好,失败也好,我们怎样才能把这些经历变为自己的经验呢?

在成功当中巨大的喜悦冲击我们的精神,在挫折和逆境中痛苦折磨我们的灵魂。在这时,需要我们具备顽强的意志、明确的目标和坚定的信念,不狂妄自大、不自暴自弃,在前进的道路上坚持方向,在人生发展的曲折中看到人生的前进性,积极进取、自强不息、开拓道路、永不言弃,创造美好的人生。

第七课　对立统一与人生动力

名人名言

祸兮福之所倚，福兮祸之所伏。

——老子

哲学故事

自相矛盾

在战国时期，楚国有个卖矛和盾的人，他先夸耀自己的盾很坚硬，说："我的盾无比的坚固，无论用什么东西都无法破坏它！我的盾在战场上是最佳的保护啊！"然后，他又夸耀自己的矛很锐利，说："我的矛非常的锋利，无论什么东西都能将其破坏！在战场中我的矛无坚不摧，战无不胜啊！"。市场上的人质问他："如果用你的矛去刺你的盾，它们将怎么样？"，那个人无法回答。众人一起嘲笑他说话前言不搭后语，吹破了牛皮。

△▲想一想

在现实生活中，无法被刺穿的盾牌和能刺破任何东西的长矛，是不存在的。我们在人生中也会有这样的情况发生，怎样才能正确面对和妥善处理这种"矛盾"的尴尬呢？

世界上的万事万物之间都是相互联系的，在复杂多样的具体联系中，事物之间建立了不同的关系。世界上没有两片相同的树叶，也没有完全相同的两个事物，通过比较我们能够发现事物之间的不同与差异。在发展过程中事物之间也会出现对立和冲突；在我们的学习生活中，有许多的老师和同学，有的人与我们志同道合，兴趣一致，有的人与我们南辕北辙，差异巨大。这些差异、对立、冲突在哲学中我们称之为矛盾。

一、矛盾的同一性和斗争性

世界上的一切事物都处在矛盾当中，矛盾是事物内部各方面之间或事物之间存在的既互相排斥、互相对立，又互相依存、互相转化的关系。简而言之，矛盾就是对立统一。

知识链接

辩证矛盾与逻辑矛盾的区别

首先，逻辑矛盾是人们思维不符合逻辑规则造成的，是思维中的前后扭曲，是叙述中的矛盾。辩证的矛盾是事物自身固有的既对立又统一的属性。

其次，我们要明确辩证矛盾是反映事物内部以及事物之间对立统一的关系。既要把握矛盾双方对立中的区别、差异、分离与冲突的方面，也要把握矛盾双方统一中互相依存、互相贯通的方面。

最后，正视矛盾的对立统一。两者共同作用构成矛盾统一体的存在。

对立与统一是矛盾包含的两个基本属性。矛盾的统一又叫矛盾的同一性，指矛盾对立双方内在的、不可分割的联系，体现着对立面之间互相依赖、互相渗透的属性。矛盾的对立又叫矛盾的斗争性，指矛盾双方互相排斥，互相斗争的属性，体现着矛盾双方互相分离的趋势。这两种属性的相互结合、相互作用便构成了矛盾的运动过程。

矛盾的同一性表现为两种具体形式，一是矛盾着的对立面之间相互依赖，矛盾的一方必须以另一方为前提和媒介，一方的存在和发展必须以另一方的存在和发展为条件。二是矛盾着的对立面之间也相互贯通，一方面矛盾双方互相渗透、互相包含，表现为“你中有我，我中有你”；另一方面矛盾双方有相互转化的趋势，表现为“祸福相依”。

知识链接

《老子·道经·二章》

天下皆知美之为美,斯恶已;皆知善之为善,斯不善已。故有无相生,难易相成,长短相形,高下相倾,音声相和,前后相随。是以圣人处无为之事,行不言之教。万物作而不辞,生而不有,为而不恃,功成不居。夫唯不居,是以不去。

矛盾的同一性将矛盾双方联系在一起,构成事物整体,是事物存在发展的前提。矛盾双方互相从对立面吸取有利于自身的因素而发展,使得矛盾双方力量发生变化。矛盾的同一性规定了事物向自己的对立面转化的基本趋势。

矛盾的斗争性使矛盾双方的力量变化,冲破事物的界限,促使旧的矛盾统一体破裂,新的矛盾统一体产生。

不同种类的矛盾其斗争性有不同的表现形式,而且同一矛盾在其发展的不同阶段上,斗争性的表现形式也会不同。一般来说,根据矛盾发展的不同阶段,可以分为对抗性矛盾与非对抗性矛盾,某一矛盾产生以后,会经历一个逐步展开的过程。在矛盾的初期,对立双方存在着差异,随着差异不断深化,矛盾双方的对立明显起来,并且得到充分的展开,矛盾双方的对立由稳定变为激化,在矛盾发展过程中,激化的程度不同,矛盾斗争的表现形式也各不相同,经过矛盾双方此消彼长的斗争,最后达到矛盾的解决,旧矛盾让位于新矛盾。

知识链接

新陈代谢

任何活着的生物都必须不断地吃进东西,不断地积累能量;还必须不断地排泄废物,不断地消耗能量。这种生物体内同外界不断进行的物质和能量交换的过程,就是新陈代谢。新陈代谢是生命现象的最基本特征,它由两个相反而又同一的过程组成,一个是同化作用过程,另一个是异化作用的过程。

人和动物吃了外界的物质以后,通过消化、吸收,把可利用的物质转化、合成对自身有用的物质;同时把食物转化过程中释放出的能量储存起来,这就是同化作用。绿色植物利用光合作用,把从外界吸收进来的水和二氧化碳等物质转化成淀粉、纤维素等物质,并把能量储存起来,也是同化作用。异化作用是在同化作用进行的同时,生物体自身的物质不断地分解变化,并把储存的能量释放出去,供生命活动使用,同时把不需要和不能利用的物质排出体外。

各种生物的新陈代谢，在生长、发育和衰老阶段是不同的。婴幼儿、青少年正在长身体的过程中，需要更多的物质来建造自身的机体，因此新陈代谢旺盛，同化作用占主导位置。到了老年、晚年，人体机能日趋退化，新陈代谢就逐渐缓慢，同化作用与异化作用的主次关系也随之转化。

新陈代谢是生命体不断进行自我更新的过程，如果新陈代谢停止了，生命也就结束了。

矛盾的同一性和斗争性是事物中两种相反的属性，但两者又互相联系，不可分割。统一是矛盾对立双方在矛盾中的统一，对立是矛盾统一体内部矛盾双方的对立，没有斗争性就没有同一性，同理，没有同一性也不可能有矛盾的斗争性。同一性与斗争性共同作用，推动事物发展。

同一性不能脱离斗争性而存在。同一是以差别和对立为前提的，包含差别和对立于其自身的同一，因此同一性必然为斗争性所制约。如果事物只能与其自身同一，不能在自身中包含他的对立面，即它的否定的方面，没有否定因素的推动，就不会有事物的发展变化。

同一不能完全排除对立，对立也不能完全脱离同一，事物中的差别和对立总是与同一相联结的。唯物辩证法中的对立并不是任意两个事物之间的对立，而是有着内在同一性的两个事物之间的对立。

知识链接

黑格尔说："在对立中，有差别之物并不是一般的他物，而是与它正相反对的他物；这就是说，每一方只有在它与另一方的联系中才能获得它自己的本质规定，此一方只有反映另一方，才能反映自己。另一方也是如此，所以每一方都是它自己的对方的对方。"

二、矛盾的普遍性与特殊性

矛盾的普遍性指矛盾存在于一切事物当中，任何事物内部各要素都是既对立又统一的，所有事物自身都包含对立统一的属性。矛盾贯穿于一切事物发展的始终，在事物发展过程当中矛盾作为动力源泉，时时刻刻都发生着作用。简而言之，矛盾的普遍性就是时时有矛盾，事事有矛盾。

矛盾的特殊性指矛盾内部包含的双方各有特点。同一事物的矛盾在不同的发展阶段各有特点，不同事物的矛盾各有特点。

哲学故事

因材施教

有一次，孔子讲完课，回到自己的书房，学生公西华给他端上一杯水。这时，子路匆匆走进来，大声向老师讨教："先生，如果我听到一种正确的主张，可以立刻去做吗？"孔子看了子路一眼，慢条斯理地说："总要问一下父亲和兄长吧，怎么能听到就去做呢？"子路刚出去，另一个学生冉有悄悄走到孔子面前，恭敬地问："先生，我要是听到正确的主张应该立刻去做吗？"孔子马上回答："对，应该立刻施行。"冉有走后，公西华奇怪地问："先生，一样的问题你的回答怎么相反呢？"孔子笑了笑说："冉有性格谦逊，办事犹豫不决，所以我鼓励他临事果断。但子路逞强好胜，办事不周全，所以我就劝他遇事多听取别人意见，三思而行。"

△▲想一想

孔子面对不同的学生，用不同的教育方法，因人而异。我们在处理问题时，怎样做到因人而异，因时而异，因事而异？

具体问题具体分析是在矛盾的普遍性原理下分析矛盾的特殊性，是科学认识事物的基础，是正确解决矛盾的关键。古人云："横看成岭侧成峰，远近高低各不同"，人们观察事物的立场、角度不同，得到的结论也不同。人们只有脱离了主客观的局限，从各个角度去观察和思考问题，才能真正认清事物的本质。因此，我们看问题既要客观，又要全面。

在面对具体问题时，我们要全面地看问题，这就要求我们坚持两点论与重点论，既要一分为二地看问题，又要抓住问题的重点，集中力量解决问题。两点论要求我们既要看到矛盾双方的对立、差别和不同，又要看到矛盾双方的互相依赖和互相转化。在认识复杂事物时，既要看到主要矛盾，又要看到次要矛盾。在认识某一矛盾时，既要看到矛盾的主要方面，又要看到矛盾的次要方面。

主要矛盾是指矛盾体系中处于支配地位，对事物发展起着主导、决定作用的矛盾，它规定或者影响其他矛盾的存在和发展。次要矛盾是指处于从属地位，不起决定作用的矛盾。

主要矛盾和次要矛盾是对立统一的，它们相互影响、相互制约，并在一定的条件下相互转化。首先，主要矛盾规定和制约着次要矛盾的存在和发展，对事物的发展起主导和决定作用，主要矛盾解决得好，次要矛盾就可以比较顺利地得到解决；反过来，次要矛盾解决得如何，又会直接影响主要矛盾的解决。其次，主要矛盾和次要矛盾的地位不是一成不变的，在一定条件下它们可以相互转化，即主要矛盾转化为次要矛盾，次要矛盾上升为主要矛盾。

矛盾的主要方面是指矛盾双方中起主导作用的方面，矛盾的次要方面是指处于从属地位、不起主导作用的方面。

矛盾的主要方面和次要方面是对立统一的关系，它们相互影响、相互制约，并在一定条件下相互转化。首先，矛盾的主要方面支配和决定矛盾的次要方面，事物的性质主要是由主要矛盾的主要方面决定的；另一方面，矛盾的次要方面也制约和影响着矛盾的主要方面。其次，矛盾的主要方面和次要方面的地位不是固定不变的，在一定条件下它们可以相互转化，随着矛盾双方主次地位的转化，事物的性质也就发生了变化。矛盾的主要方面和次要方面的辩证关系原理要求我们在认识世界和改造世界时要分清事物的本质和现象、主流和支流。

知识链接

舍本逐末

这一成语出自《吕氏春秋》："民舍本而事末则不令，不令则不可以守，不可以战。民舍本而事末则其产约，其产约则轻迁徙，轻迁徙则国家有患，皆有远志，无有居心。"

中国古代是典型的农业社会，是封建统治下自给自足的小农经济，物质资料十分有限，衣食住行都依靠农民的生产，种植桑麻才有衣物，种植田亩才有果蔬，农林牧渔在社会生产中占据十分重要的地位。统治阶级十分注重农业生产，提倡耕读，人民生活以农耕为本。

古代由于交通不便，商业并不发达，大多数人认为商人只是低买高卖，不事生产，所以古代阶层划分为士、农、工、商，地位最高的是士大夫，下来是农民，工匠手艺人次之，商人为末。如果人民舍弃农耕，从事工商，从事生产创造的人少了，就会造成社会当中商品减少，物价上涨，人民无力购买生活用品，社会动荡不安。所以用"舍本逐末"来描述人民不去耕作，抛弃根本，而去进行商业买卖，从事最末等的行业。现代用来比喻做事不注意根本，抛弃事物主要的部分，而去追求枝节、次要的部分。也指做事不抓住主要的问题，而专顾细枝末节。

我们在认识事物时，面对主要矛盾和次要矛盾，要学会抓住重点，有的放矢，集中力量解决主要矛盾。在认识复杂事物时，要着重把握它的主要矛盾。在认识某一矛盾时，要着重把握矛盾的主要方面。重点论就是要求我们在看到主次矛盾和矛盾的主次方面的同时，必须分清主次，抓住主要矛盾和矛盾的主要方面，因为事物的性质主要是由主要矛盾的主要方面决定的，不能将主次等量齐观，更不能颠倒主次。

在认识事物的过程中我们一方面要善于抓重点，另一方面又要统筹兼顾，恰当地处理好次要矛盾，坚持两点论与重点论相统一，两点是有重点的两点，重点是两点中的重点。只有这样才能正确地、全面地认识事物。

知识链接

前出塞九首

杜　甫

挽弓当挽强，用箭当用长。
射人先射马，擒贼先擒王。
杀人亦有限，列国自有疆。
苟能制侵陵，岂在多杀伤。

三、矛盾是事物发展的动力

事物中普遍存在的矛盾不仅反映了事物内部的本质联系，而且揭示了事物发展的实质内容。在事物发展过程中矛盾双方既相互联系又相互对立。正是矛盾双方的差别和不同，以及力量的不均衡，引起事物在矛盾双方的斗争中调整自身状态，顺应变化发展。事物在各种外部条件的影响下，事物内部矛盾的双方之间互相依赖又互相排斥，既同一又斗争，使双方力量处在此消彼长的不断变化中。一旦矛盾双方的力量对比发生了根本性质的变化，便引起双方地位的相互转化，于是新矛盾取代旧矛盾，新事物取代旧事物。

我们在认识事物时既要看到事物的现状，还要用发展的观点去预测事物的发展趋势。一个事物究竟会如何发展，前景是好是坏，受种种条件的影响。为了更准确地把握事物的发展，我们要学会分析事物内在矛盾的统一性和斗争性，观察矛盾双方力量的变化，从而把握事物发展的趋势。

事物的变化发展是诸多因素共同作用的结果，这些影响因素可以概括总结为两个方面，一方面是由内部原因引起的，简称内因；另一方面是由外部原因引起的，简称外因。内因是事物发展的内部原因,指事物的内部矛盾,即事物自身包含的诸要素之间的对立统一。外因是事物发展的外部原因,指事物的外部矛盾,即此事物同其他事物的对立统一。

事物发展过程中内因与外因同时发生作用,推动事物的进步。内因是事物变化发展的根据,是第一位的原因。内因是事物存在的深刻基础,它规定着事物演化的基本过程和基本方向。自然界、人类社会和思维领域的变化,主要是由事物的内部原因引起的。但在肯定内因是根据的前提下,还要看到外因对事物发展变化的重大作用。

哲学故事

孟母三迁

战国的时候,有一个很伟大的大学问家孟子。孟子小的时候非常调皮,他的妈妈为了让他受好的教育,花了好多的心血。有一次,他们住在墓地旁边,孟子就和邻居的小孩一起学着大人跪拜、哭嚎的样子,玩起办理丧事的游戏。孟子的妈妈看到了,就皱起眉头:"不行!我不能让我的孩子住在这里了!"

孟子的妈妈就带着孟子搬到市集旁边去住。到了市集,孟子又和邻居的小孩,学起商人做生意的样子。一会儿鞠躬欢迎客人、一会儿招待客人、一会儿和客人讨价还价,表演得像极了!孟子的妈妈知道了,又皱皱眉头:"这个地方也不适合我的孩子居住!"于是,他们又搬家了。

这一次,他们搬到了学校附近。孟子开始变得守秩序、懂礼貌、喜欢读书。这个时候,孟子的妈妈很满意地点着头说:"这才是我儿子应该住的地方呀!"

△▲想一想

孟子的母亲为了孟子能够有良好的成长环境,四处寻找,几次搬家,十分慎重的选择自己的住所,力求培养孟子的良好习惯。在现实生活中我们应该如何看待外因和内因的关系?

外因是事物存在发展的必要条件，是不可缺少的因素，甚至在有些时候外因会起到很大的作用。在我们的学习生活中，一个人的发展，自身努力固然重要，他所处的环境也是不可忽视的条件，自古以来有寒门贵子，普通人家的孩子不因家境贫寒自暴自弃，反而刻苦用功，实现自己的人生价值；也有纨绔子弟，不学无术，成为无用的人，所以无论外部条件如何，归根结底要通过自己奋发进取才能取得人生成功。

哲学故事

一只蚂蚁

那是14世纪时一只普通的蚂蚁。一位将军被强大的敌人打败了，他的军队溃不成军，将军也被迫躲进一个废弃不用的马槽里躲避敌人的追捕。我们说的那只蚂蚁恰好也在马槽里忙着自己的营生，它在努力地扛着玉米粒，试图爬上一堵垂直的墙，蚂蚁当然不知道将军的一些事情，但将军的目光和心智却被它吸引了。

那粒玉米的重量不知是蚂蚁体重的多少倍，也许不亚于人去扛一头大象吧！第一次玉米粒被它稍稍顶起，很快又掉了下来，蚂蚁似乎连一丝犹豫也没有，接着开始再一次的努力。将军屏神静心地注视着蚂蚁的一切，一次、两次、三次、四次……将军默默地数到了第69次，这次玉米粒被蚂蚁顶上去了，但又掉下来了。将军想，蚂蚁不可能成功了，69次的失败就是证明。但就在这时候，奇迹出现了，蚂蚁在尝试第70次的时候，把那玉米粒终于推出了墙头。将军被感动了，将军找回了失落的自信心。后来重整军队，把敌人打得落花流水，他的帝国版图从里海之滨一直伸展到恒河沿岸，这位将军就是14世纪的蒙古皇帝莫卧儿。

△▲想一想

事物在发展中，自身的因素起决定作用，我们在认识事物时要从事物的内部去把握事物发展的动力。我们要怎样把握机会去发展自己的人生呢？

唯物主义辩证法认为事物发展的根本原因在事物的内部，是事物的内部矛盾，但并不否认外部条件在事物发展过程中的重要作用。事物的外部矛盾通过影响内部矛盾的变化来发挥作用。我们在想问题，办事情的时候，要分析问题的内部原因，从根本上找到事物发展的推动力量。

四、矛盾是人生发展的动力

纵观一个人的成长历程,我们发现人生就是一个不断产生矛盾,不断解决矛盾的过程,人生在解决矛盾的过程中得到成长。我们要正确处理内外因的关系,调节自身努力与外部条件的关系,促进自身协调发展。

除此之外,我们还要积极营造外部的有利条件,利用一切可以利用的优势发展自己,保持良好的精神面貌和健康的心态。

人生故事

伤仲永

在宋朝时候,金溪有个叫方仲永的小孩,家中世代以耕田为业。方仲永长到五岁以前都没有见过笔墨纸砚。忽然有一天仲永哭着向父母索要这些东西。他的父亲对此感到诧异,就向邻居借来了文具给他。方仲永立刻写下了四句诗,并自己题上自己的名字。这首诗以赡养父母和团结同宗族的人为主旨,给全乡的秀才观赏。从此,无论何时何地,指定事物让他作诗,方仲永立刻就能完成,并且诗的文采和道理都有值得欣赏的地方。同县的人们对此都感到非常惊奇,渐渐地都以宾客之礼对待他的父亲,又有的人花钱求取仲永的诗。方仲永父亲认为这样有利可图,就每天带领着仲永四处拜访同县的人,享受免费的招待,出卖方仲永的诗词,却不让他学习。

过了几年,人们再见到方仲永,他已经十二三岁了。叫他作诗,写出来的诗已经不能像从前一样出色。又过了七年,人们问起方仲永的情况,邻居回答说:"他的才能消失了,现在他和普通人并没有什么区别。"

△▲想一想

在人生中每个人的天赋不同,有的人擅长学习,有的人擅长劳动,可不论天赋是什么,不好好利用,锻炼提高,天赋也会被浪费,无法发挥作用。我们在人生中应该怎样发挥自己的天赋,为人生发展提供动力呢?

在人生道路上，自己的刻苦努力才是人生进步的动力根源，如果每天浑浑噩噩、无所事事，再好的外部条件也无法发挥作用，只会白白浪费自己的天赋与时间。只有在自己不断地努力的过程中，外部的有利条件才能真正为我们所用，发挥应有的积极作用。所以我们在人生中要把自身努力放到第一位，不断地拓宽人生道路。我们还要在成长过程中把握机遇，积极发挥自己的主观能动性，克服困难、不懈努力使自己走向更好的人生。

在人生中，我们要面对形形色色的人和事，这其中有我们喜欢的、擅长的，也有我们厌恶的、不能胜任的。在这些矛盾中，积极地锻炼自己的能力，可以使我们掌握新的知识和技能，做到熟能生巧。对自己厌恶的东西要宽和包容，这样可以使我们的心胸更加宽广。一味地指责逃避，只会徒增烦恼，对人对己都毫无益处。人们对待人生中的矛盾有不同的态度，而不同的态度会造就不同的人生。

人生故事

态度决定行为，行为决定习惯，习惯决定命运

一家外资企业招工，报酬丰厚，要求严格。一些高学历的年轻人过五关斩六将，几乎就要如愿以偿了。但谁都没想到最后一关碰到了麻烦。这一关是什么呢？总经理要亲自面试。

一见面，总经理就对大家说："很抱歉，年轻人，我今天有点急事，要出去10分钟，你们能不能等我啊？"年轻人说："没问题，总经理，您去吧，我们等您。"

总经理走后，这些踌躇满志的年轻人围着总经理的大写字台很感兴趣，写字台上文件一摞，信一摞，资料一摞。结果，大家是你看这一摞，我看这一摞，没有一个闲着的。看完了还互相交换看。

10分钟后，总经理回来了，总经理说："面试已经结束。"年轻人很奇怪，说："没有啊，我们在等您，还没开始面试呢？"总经理平静地说："我不在期间，你们的表现就是面试。很遗憾，你们没有一个人被录取，因为本公司不能录取那些乱翻别人东西的人。"这些年轻人目瞪口呆，全傻了。因为从小到大，就很少听说过不能乱翻别人的东西。所以，在不知不觉中，他们错失了这个机会。

△▲想一想

我们每个人都希望自己的人生顺利发展，有好的职业，有好的工作，在学习生活中只有不断发展自我，提高能力，才有机会获得更好的人生。我们应该发展自己的哪些能力与素质，才能在以后的竞争中越走越远，越走越好呢？

在我们现实生活中,类似这样的事情很多。无所谓的态度产生敷衍了事的行为,散漫的行为养成不良的习惯。积极的态度促使我们不断努力,奋斗不懈的行为造就健康的习惯,而一个好习惯则有可能使自己走向成功。

哲学故事

讳疾忌医

战国时期,名医扁鹊觐见蔡桓公,在蔡桓公面前站了一会儿,扁鹊说:"您在肌肤纹理间有些小病,不医治恐怕会加重。"蔡桓公说:"我没有病。"扁鹊离开后,蔡桓公说:"医生就是喜欢给没病的人治病,拿来当作自己的功劳。"

过了十天,扁鹊再次进见蔡桓公,说:"您的病在肌肉里,不及时医治将会更加严重。"蔡桓公不理睬。扁鹊离开后,蔡桓公又不高兴。

又过了十天,扁鹊再一次进见蔡桓公,说:"您的病在肠胃里了,不及时治疗将要更加严重。"蔡桓公又没有理睬。扁鹊离开后,蔡桓公更不高兴。

又过了十天,扁鹊远远地看见蔡桓公,掉头就跑。蔡桓公于是特意派人问他。扁鹊说:"小病在皮肤纹理之间,用草药煮成汤汁热敷,烫热的药汁就能够达到治疗疾病的效果;疾病在肌肉和皮肤里面,用针灸也可以治好;疾病在肠胃里,用火剂汤可以治好;疾病在骨髓里,那是司命神管辖的事情了,医生是没有办法医治的。现在病在骨髓里面,我因此不再请求为他治病了。"

过了五天,蔡桓公身体疼痛,派人寻找扁鹊,扁鹊已经逃到秦国了。最后,蔡桓公因病而死。

△▲想一想

每个人都希望自己的身体健康,健康与疾病是一对不可分离的矛盾。蔡桓公因为害怕生病而拒绝看病,致使自己最后死于疾病,这种行为给我们什么启示?在现实中我们应以怎样的心态去面对矛盾呢?

我们要用积极的态度面对人生中的矛盾,承认矛盾,正视矛盾,从事物的对立统一关系中把握事物的本质,全面认识和协调处理矛盾的不同方面。同时积极化解矛盾,消除对立,在处理矛盾、解决问题的过程中获得人生发展。

第二单元　练习题

一、选择题

1. 下列事物之间的联系中，既体现联系的普遍性又体现联系的客观性的有（　　）

①动物、水、空气、植物　②国之将亡，必有妖异；国之将兴，必有祥瑞

③经济发展、人口增长、资源消耗、环境变化　④指纹、手相、命运

A. ①②　　B. ③④　　C. ①③　　D. ②④

2. "苦难对于天才是一块垫脚石，对于能干的人是一笔财富，对于弱者是一个万丈深渊。"这段话表明（　　）

A. 顺境对于人的成长是不利的

B. 逆境不利于人的成长

C. 逆境也有积极的一面，使人更加坚强

D. 人在逆境当中一定能有所成就

3. 在人类社会的不同时代，解决矛盾的两方面既有利益冲突的对立性，也有利益一致的同一性或和谐性。这体现了（　　）

A. 世界上的事物包含着既对立又统一的两个方面

B. 阶级矛盾是人类社会矛盾的一种而不是全部

C. 斗争性就是矛盾双方的利害冲突

D. 矛盾的同一性寓于斗争性之中

4. 矛盾是反映（　　）

A. 对立面之间互相联系、互相转化关系的范畴

B. 事物之间互相对立、互相排斥、互相否定关系的范畴

C. 事物内部和事物之间的对立统一及其关系的哲学基本范畴

D. 主体和客体之间的相互对立的范畴

5. "有无相生，易难相成，长短相形，高下相倾，声音相和，前后相随"老子的这句话表明（　　）

A. 万事万物都处在不断地运动当中

B.矛盾双方相互依赖,互为条件

C.事物之间相互转化,没有界限

D.必须在运动发展中认识事物

6."灭六国者,六国也,非秦也,族秦者,秦也,非天下也。"这句话表明 ( )

A.事物之间是毫无联系的

B.外因是事物变化发展的根据

C. 处处有矛盾

D. 内因是事物变化发展的根据

7.关于区分新旧事物的根本标准说法错误的是 ( )

①以事物出现时间的先后为判断标准

②以事物力量的强弱为标准

③看事物是否符合客观规律,有没有强大生命力和远大的发展前途

④从事物的名称、旗号去判断

A.③ B.①③ C.①②④ D.①②③④

8.唯物辩证法与形而上学的分歧表现在 ( )

①联系的观点与孤立的观点的对立 ②唯物的观点与唯心的观点的对立

③全面的观点与片面的观点的对立 ④发展的观点与静止的观点的对立

A.②③④ B.②③④ C.①③④ D.①②④

9."芳林新叶催陈叶,流水前波让后波"这句话蕴含的哲理是 ( )

A.事物发展的曲折性是不可避免的

B.事物的发展是量变与质变的统一

C.新事物代替旧事物是客观世界发展的普遍规律

D.事物发展是前进性和曲折性的统一

10.塑料袋出现百年以后,被人们称为"人类最糟糕的发明之一"。目前,我国每天要用掉各种塑料袋20亿个以上,塑料袋在给人们带来极大便利的同时,也成为"白色污染"的祸首,严重危害了自然环境。这表明 ( )

①任何事物都有好坏 ②任何事物都有两面性

③事物发展是前进性和曲折性的统一 ④任何事物都有主要矛盾和次要矛盾

A.①② B.②③④ C.②③ D.②④

11.某同学由于自身努力不够,成绩不好,总是抱怨老师、班风,该同学 ( )

A.扩大了内因的作用 B.忽视了外因的作用

C.客观总结了教训 D.忽视了内因、夸大了外因

12.“明月别枝惊鹊,清风半夜鸣蝉。稻花香里说丰年,听取蛙声一片。”这是南宋著名词人辛弃疾描写乡村夜景的名句。写景状物最重要的是抓住事物的特点,否则就会千人一面、千篇一律。这说明 ( )

A.矛盾特殊性是一事物区别于其他事物的外在原因

B.正确地认识事物离不开对事物矛盾特殊性的分析

C.人们可以根据事物的客观联系建立新的主观联系

D.成功的改造世界就必须坚持具体问题具体分析

13.孙子兵法曰:“无所不备,则无所不寡。寡者,备人者也;众者,使人备己者也。”这段话是说:处处防备,就是处处兵力薄弱。敌人兵力之所以少,是由于处处防备的结果;我方兵力之所以多,是由于迫使敌人分兵防我的结果。这段话给我们的哲学启示有 ( )

①要善于抓住主要矛盾,集中力量解决关键问题

②矛盾双方在一定条件下相互转换

③全面看问题往往一事无成

④外因对事物变化发展有着重要影响

A.①② B.③④ C.①④ D.①③

14.实现我国中部崛起战略,最重要的是充分利用中部地区在区位、资源和发展时机方面的后发优势,汲取经验、扬长避短,走出一条有中国特色的协调发展之路。材料体现了哪些哲理 ( )

①坚持一切从实际出发,具体问题具体分析

②搞好局部,使整体功能得到最大限度发挥

③坚持用一分为二的观点看问题

④事物发展的总趋势是前进性和曲折性的统一

A.①②③ B.②③④ C.①②④ D.①③④

15.离开了身体的手就失去了手的作用。这段话反映的哲学原理是 ( )

A.矛盾具有普遍性 B.局部和整体不可分割

C.事物是绝对运动的 D.发展是前进上升的运动

二、问答题

1.简述人生发展过程中的两种境遇以及二者的联系和转化。

2.大凡在事业上达到巅峰而后来跌入低谷的人,其失败之由往往并非短处所致,而恰恰是长处为他挖了人生的“陷阱”。运用矛盾的观点,分析这种说法的合理性。

三、材料分析题

胡锦涛同志在江苏考察工作结束时指出，认识当前的经济形势，既要看到我国经济保持了良好的发展势头，又要看到在发展进程中也出现了一些必须引起我们高度重视并抓紧解决的突出矛盾和问题。当前，最突出的问题是固定资产投资增长过快、规模过大，特别是一些行业投资增长过猛。如果这个问题不能得到及时、妥善的解决，就会加剧煤电油运的紧张，拉动生产资料价格上涨，加大通货膨胀的压力。如果任其发展下去，我们面临的资源和环境问题将会更加突出，经济结构不合理的矛盾将更加尖锐，而且将会出现大量生产能力过剩的局面，最终势必造成经济的大起大落。

请结合上述材料，分析胡锦涛同志的讲话是如何体现唯物辩证法的观点的？

第三单元

坚持实践与认识的统一 提高人生发展能力

导语

在现实生活中，要坚持实践和认识相统一的原则，学习运用科学的思维方式，透过事物的现象，把握事物的本质。不被假象欺骗，明辨是非，勇于实践，开拓创新，不断提高人生发展能力，为事业和人生的成功打下坚实的基础。

第八课　知行统一与体验成功

名人名言

纸上得来终觉浅，绝知此事要躬行。

——陆游

实践出真知，认识是在实践的基础上不断反复、不断深化的过程。人生发展的各种能力是在实践和认识循环往复的过程中不断锻炼提高的。要提高人生发展能力，除了不断学习理论知识，更要加强实践，在实践中总结经验教训，加深对理论的体会，不断提升自身的能力水平。

哲学故事

纸上谈兵

战国时期，赵国将军赵奢，屡立战功，与廉颇齐名。赵奢的儿子赵括，自幼学习兵法，熟读兵书，谈论起带兵打仗的事情，赵奢也辩论不过他。赵国与秦国发生战争，赵国以老将廉颇为将，带兵与秦军对抗，由于廉颇加强防御，秦军对赵军屡攻不下。秦军利用计谋使赵国换掉廉颇，以赵括为将。赵括上任后，没有认真摸清秦军的状况，中了对方的陷阱，几十万赵军为秦军坑杀，导致赵国实力大大削减。

△▲想一想

赵括熟读兵法为什么还会打败仗呢?

一、实践与认识

在上面的故事中,赵括从来没有带兵打仗的经验,只懂得用兵书上学来的知识夸夸其谈,结果导致身死国亡的下场,对于此很值得我们吸取其教训。社会生活的各种事物、现象尽管有各种各样的表现形式,事实上都是实践的产物。对于人们来说,只有积极参加社会实践,用正确的知识指导实践,才能不断加深对世界的理解,不断提高自身的发展能力。

(一)实践的含义及形式

1.实践的含义及特征

实践是人能动地改造世界的物质活动。实践具有三个特征:客观现实性、主观能动性和社会历史性。

客观现实性:实践是以客观事物为对象的现实的物质性活动,构成实践的三个要素——主体、客体、手段都是客观的,实践的过程和结果也是客观的。实践的主体是人,客体是外部世界,手段主要指生产工具,这些都是能够感知的现实存在,都具有客观性。实践的过程始终受到外部客观条件和规律的制约,不能够随心所欲。实践的结果作为一种事实,也是客观存在着。比如,医生看病,士兵执行任务,科学家做实验,学生学习,教师上课等等都是"做",是"行动",都是实践活动,是人作用于客观对象的一种活动。

主观能动性:人的活动总是有意识、有目的的,与动物本能的、被动的适应性活动是不同的。这就是蜜蜂搭建蜂房和人类的建筑师建造房屋之间的区别。蜜蜂虽然可以搭建极其精美的蜂房,但是这种活动属于本能活动,没有意识性和目的性,不属于实践活动;建筑师在搭建房屋之前首先要设计好蓝图,把要搭建的房屋在意识中构想出来,然后再按照蓝图搭建,这具有明确的目的性。

社会历史性:人只有结成一定的社会关系,共同协作才能够进行改造自然的活动。同时人的实践还受到历史条件的制约,在不同的历史阶段,实践主体的能力、实践手段达到的程度和水平以及实践活动的范围、规模和方式都各不相同。比如,以生产工具为例,在原始时代,人类只能利用石头制作的工具进行生产,效率低下。进入到奴隶和封建社会后，人类学会制造和使用铜器和铁器，生产水平大大提高。当今社会，人类处于机械化大生产时代，生产水平得到极大提高。再以人类的活动范围为例，在交通不发达的时代，人们的活动范围被局限在地域之间或者国家之间，随着航海时代的到来，人们的活动范围扩大到了大洲之间。到现在，随着人类交通和通信手段的发达，整个地球都变成了一个小小的“村庄”，人们甚至借助先进的航天技术和研究手段把探索范围扩大到遥远的宇宙角落。

实践的这三个特点是紧密联系的。其中，人们的客观性活动，受到人的主观能动性的支配，还受着社会历史条件的制约。同样，人的主观能动性的发挥，也受到人们的客观性活动和特定的历史条件的限制。

2. 实践的基本形式

实践的形式是多种多样的，大体可以划分为三种基本类型：物质生产实践、处理社会关系的实践和科学文化实践。

物质生产实践是改造自然、获得物质生活条件的实践活动。它是处理人类和自然的关系的活动，解决人们衣、食、住、行的问题，是人类社会存在和发展的基础，因此它是人的最基本的实践活动。比如农民种地、工人做工等都属于物质生产实践。

处理社会关系的实践是人类变革和创造社会关系的实践活动。这类活动主要处理社会内部人与人的关系。比如古代的农民起义、我国现阶段正在进行的各种经济和社会的体制机制改革等都属于这类活动。

科学文化实践是人类创造精神文化产品的实践活动，比如科学实验、艺术创作、教育活动等。

知识链接

科学实验

科学实验是在精心控制现象发生的条件下，对现象进行感知和测量的方法。它是科学实践和科学认识的重要形式，是获得感性材料的基本方法，同时也是检验科学假说，形成科学理论的实践基础。在实验中，对于现象的发生，可以实现严密的控制和任意的重复；除了选择典型的实验对象和环境条件外，还可以利用各种实验手段，创造出典型的、纯粹的、极端的自然过程和环境条件以排除次要因素的干扰和影响，更快揭示出研究对象的本质。科学实验是在变革自然中认识自然，因而有着独特的认识功能。

在古代社会，科学实验就已在人们探索自然界奥秘的过程中逐步酝酿产生。但是那时的实验还只是以原始朴素形式出现，它还没有成为一种独立的社会实践活动形式。严格意义上的科学实验是从近代开始的。实验方法的运用成为近代自然科学的主要特点。这种情况之所以在近代出现，根本原因在于工业生产在这时得到了长足的发展。从近代到现代，科学实验经历了很大发展，科学实验的社会性也逐步提高。到了1940年以后，科学实验的规模愈来愈大。科学实验再也不是科学家个人的事业，而成为整个社会事业的一个有机组成部分。

(二)认识的含义和发展过程

1.认识的含义

认识是人脑对客观事物的反映。认识产生于人们的生产活动中，根据高低程度的不同，认识可以分成感性认识和理性认识两个阶段。人们在实践过程中，通过眼、耳、鼻、舌、身这些感觉器官对客观事物形成了初步的印象，这就是感性认识阶段。感性认识是对事物的各个方面、外部特征和外部联系的认识，是认识的初级阶段。随着不断地实践，人们在感性认识的基础上，经过思考和分析，产生了概念、判断和推理，这就进入了理性认识的阶段。理性认识是对事物的全体、内在性质和内部联系的认识，是认识的高级阶段。举个例子，比如大家刚入学的时候，对身边同学的高矮胖瘦及美丑会产生初步的印象，这就是感性认识；随着接触的不断深入，对其他同学的性格特点、行为方式也有了认识，这就形成了理性认识。

认识虽然根据高低程度被划分为感性认识和理性认识，但是感性认识和理性认识两者是紧密联系的。

一方面，理性认识依赖于感性认识。人们对事物的认识总是开始于感性认识，感性认识是认识的起点和基础。只有在感性认识的基础上，通过人们的思维，才能达到对事物理性的认识。脱离了感性认识，理性认识也就成了无源之水、无本之木。

另一方面感性认识有待于深化、发展到理性认识。这是因为感性认识反映的是事物片面的和外部的联系，不能揭示事物的本质和规律，因此不能有效地指导人们的实践，而理性认识可以达到这个目的，所以感性认识必须发展到理性认识。

2.认识的发展过程

认识的发展过程包括两次飞跃。从感性认识上升到理性认识是认识过程的第一次飞跃。

要使感性认识上升到理性认识必须具备两方面的条件：第一，要深入实际，不断实践，取得丰富的感性材料，这是实现第一次飞跃的前提。第二，要深入思考，对取得的感性材料进行加工改造，从而得到关于事物本质和规律的认识。

从理性认识到实践是认识过程的第二次飞跃，这也是意义更为重要的一次飞跃。因为，首先人们认识世界的目的就是为了改造世界，只有用理论指导实践才能达到改造世界的目的。其次，理论只有回到实践中，才能得到检验和发展。实现理性认识到实践的飞跃必须从实际出发，把理论同具体实践相结合，将理论转化为指导人们实践的计划或方法，推动实践的深入，从而也在实践中检验理论的正确性。

由于各种条件的限制，人们对于复杂事物的认识，往往需要经过由实践到认识、由认识到实践的多次循环往复才能完成；又由于客观世界的发展是无限的，社会实践的发展是无限的，因而人类认识的发展也是无限的。人类认识的过程正如毛泽东在《实践论》中所指出的是“实践、认识、再实践、再认识”循环往复，以至无穷的过程。

知识链接

地心说和日心说

在古希腊时代，亚里士多德坚持地球中心说，认为圆球形的地球位于宇宙的中心，而且地球是静止不动的，其他天体则围绕地球做圆周运动。这就是亚里士多德宇宙观中对于地心说的阐述，此后很长一段时间，地心说就成了我们认识世界的权威性解释，地球是宇宙的中心也就成为人们心中普遍认同的观念。

到了公元2世纪，托勒密把地心说加以系统化。他认为日、月五大行星都在绕地球运转，并各有其轨道层次。从而将地心说的理论更加精细化，形成了一套比较系统的地心说理论体系。到了文艺复兴时期，随着实践的发展，科学家积累了大量的观测资料。天文学家哥白尼以确凿事实的理论依据推翻了前人关于地心说的理论，他认为托勒密的地心体系有很多地方与事实不符。他通过不断收集资料、实践观察等方法，提出了日心说的假说。这个假说的基本内容是：我们所处的这个星球体系的中心是太阳而不是地球，地球在围绕自己的轴心旋转的同时，和其他行星一起围绕太阳运行；月球是地球的卫星。随着科学技术的发展，现在，我们更是认识到，太阳也不是宇宙的中心，整个太阳系围绕着银河系在旋转，甚至银河系也在不断地运动过程中。

(三)实践和认识的关系

马克思主义哲学认为实践是认识的基础，实践对认识起决定作用，主要表现在以下几个方面。

1.实践是认识的来源

哲学故事

胸有成竹

北宋有一个著名的画家,名叫文同,是画竹子的高手。文同为了画好竹子,不管春夏秋冬,常年不断地在竹林子里头钻来钻去。哪怕是三伏天,文同照样跑到竹林子里全神贯注地观察竹子的变化。他一会儿用手指头量一量竹子的节把有多长,一会儿又记一记竹叶有多密。有一回,天空刮起了一阵狂风。接着,电闪雷鸣,眼看着一场暴雨就要来临。人们都纷纷往家跑,可就在这时候,坐在家里的文同,急急忙忙抓过一顶草帽往头上一扣,直往山上的竹林子里奔去。文同一心要看风雨当中的竹子,只见竹子在风雨的吹打下,弯腰点头,摇来晃去。由于文同长年累月地对竹子做了细微的观察和研究,竹子在春夏秋冬四季的形状、颜色、姿势有什么不同;不同的竹子,又有哪些不同的样子,他都摸得一清二楚。所以画起竹子来,根本用不着画草图。有个名叫晁补之的人,称赞文同说:文同画竹,早已胸有成竹了。

△▲想一想

文同画竹子为什么不用画草图?这个故事反映了什么哲学道理?

人是在实践中通过感官接触事物的现象,并透过现象发现事物的本质,达到对事物的规律性的认识。在人的感性直观中只能反映事物的外部联系,只有以实践的方式变革事物,才能透过纷繁复杂的现象深入到事物的内部,达到对事物的本质性认识。正确的认识来源于实践,是对实践经验的总结。

哲学故事

戴嵩画牛

唐代名画家戴嵩善于画牛。他有一幅斗牛图，非常生动，被人们视为珍品。有一次有位收藏家把这幅图拿出晾晒，正巧被一个牧童看到了，牧童对着这幅画哈哈大笑。收藏家问他为什么笑，牧童告诉收藏家：牛在角斗的时候，尾巴会夹在两条后腿中间，绝不会翘起来。而这幅画上的牛尾巴翘的笔直，所以好笑。

△▲想一想

这则故事说明了什么道理？

我们强调实践是认识的来源，并不是说我们为了获得某方面的知识，必须亲身经历这方面的活动。比如，要知道月球和海底的知识，我们不必亲自坐上宇宙飞船，登临月球，也不需要我们潜入海底去探索。我们学到的大部分知识都是通过书本或经验获得的，这些知识是前人实践经验的总结，归根到底也来源于实践。

2.实践是认识发展的动力

首先，实践的发展不断为认识提出新课题，推动着认识向前发展。恩格斯说："社会一旦有技术上的需要，则这种需要就会比十所大学更能把科学推向前进。"其次，实践为认识发展提供必要的条件。实践为解决认识上的新课题积累越来越丰富的经验材料并且提供日益完备的物质手段。最后，通过实践，人们的认识能力得到了锻炼和提高。例如，以印刷术的发展来看，我国原始社会没有文字，传说人们以结绳记事。到了商代，人们把文字刻在龟壳或骨头上，我们称之为甲骨文。秦朝开始，文字被刻在竹简或写在布帛上，在竹简上刻写不方便，而布帛造价昂贵，不能广泛使用。到东汉，蔡伦总结前人的经验，发明了造纸术，书写方便很多，但是书籍仍然不能大规模流通。到了宋代随着人们的需要和实践的发展，毕昇发明活字印刷，使印刷方便了很多。近代，人们发明了铅字印刷，使印刷技术更进一步。现代激光印刷更是广泛流行，给人们带来了极大的方便。人类发明的印刷术促使知识的传播更加便捷,而书籍的出现,也进一步提升了人们的认识能力。

3.实践是检验认识正确性的唯一标准

人们将获得的认识用于指导实践,如果得到了预期的结果,就说明这样的认识是正确的;如果没有达到预期的目的,就表明认识产生了偏差,需要进行修正。例如,历史上,化学家为了解释燃烧现象提出了“燃素说”的理论。燃素说认为,可燃的要素是一种气态的物质,存在于一切可燃物质中,这种要素就是燃素;燃素在燃烧过程中从可燃物中飞散出来,与空气结合,从而发光发热,这就是火;油脂、蜡、木炭等都是极富燃素的物质,所以它们燃烧起来非常猛烈;而石头、木灰、黄金等都不含燃素,所以不能燃烧。燃素说未能合理解释定量实验的结果;根据燃素说,镁在燃烧后会释放出燃素,质量应该减少,但实际上重量不减反增。最后,燃素说因不能合理解释化学实验的结果而被淘汰出历史舞台。

哲学故事

狐狸和葡萄

狐狸看见一只小猴子每天都爬到葡萄架上吃葡萄,它馋得直流口水,可是又够不着,就说:“这葡萄非常酸!”

旁边有一只小鸽子听到了,就想:狐狸是森林里最聪明的动物,他说的肯定是对的,我就不吃了。于是,小鸽子就飞走了。

小鸽子在路上遇到小麻雀,它告诉小麻雀说:“那里的葡萄是酸的,你可不要吃呀!”小麻雀想:小鸽子去的地方多,吃的东西也多,我得听它的,就不吃了。

一位老奶奶正要去摘葡萄,小麻雀说:“老奶奶,这葡萄特别酸,会把牙酸掉呀!”老奶奶说:“那你尝过吗?”小麻雀说:“没有,我是听小鸽子说的。”于是老奶奶找到了小鸽子,对小鸽子说:“你尝过葡萄吗?”小鸽子说:“没有,我是听狐狸说的。”

老奶奶于是摘了一颗葡萄放到嘴里,说:“好甜呀!”她又分别递给小鸽子和小麻雀一颗,它们也尝了一口说:“这葡萄还真甜!”

老奶奶对它俩说:“以后不要轻易相信别人的话,一定要自己亲自体会一下,才能做出正确的判断。”

△▲想一想

这则故事说明了什么道理？

4.实践是认识的目的

马克思主义哲学认为获得对客观世界规律性的认识并不是最终目的，认识的目的就是为了指导实践，即运用已经形成的认识去改造世界。

实践对认识具有决定作用，认识对实践也有反作用。人们的实践需要借助认识的指导，正确的认识会促进实践顺利地进行，错误的认识会对实践造成消极影响，甚至使实践活动走向失败。

哲学故事

借东风——巧用天时

赤壁之战前夕，周瑜定下计策，要发动火攻，一举烧毁曹军的战船，打败曹操。根据两军所处的位置，若要想火攻成功，必须要刮东南风才行。但是当时正是冬天，长江中游一带多刮西北风，没有东南风。如果发动火攻，可能会落个玩火自焚的下场。周瑜想不到解决办法，结果病倒了。诸葛亮得知此事后，告诉周瑜他有办法借到东风。随后，诸葛亮在一座按照他的要求搭建的七星台上作法借风，果然大战当日，东南风大起，周瑜乘机发动火攻，大败曹军。诸葛亮就是根据自己的知识预测到了大战当日的天气，然后顺利实施了火攻计划，作法借风只是一个障眼法而已。

△▲想一想

上面的故事中，反映出认识与实践是怎样的关系？

实践的观点是马克思主义认识论的基本观点。一方面，实践决定认识；另一方面，认识反作用于实践，这就是二者的辩证统一关系。人们总是在实践中认识客观世界，又在认识指导下进行实践。离开实践就没有认识，也没有脱离认识的单纯实践。认识是在实践中产生、发展和接受检验的过程，同时也是它指导实践、发挥认识功能的过程。因此，人们在实际工作中，既要重视实践，在实践中发现、发展和检验认识，又要重视认识,以正确的认识指导实践。只有这样,才能坚持实践和认识的统一。

哲学故事

南辕北辙

从前有一个人,从魏国到楚国去。他带了很多的盘缠,雇了上好的车,驾上骏马,请了驾车技术精湛的车夫,就上路了。楚国在魏国的南面,可这个人不问青红皂白让驾车人赶着马车一直向北走去。路上有人问他的车是要往哪儿去,他大声回答说:“去楚国!”路人告诉他说:“到楚国去应往南方走,你这是在往北走,方向不对。”那人满不在乎地说:“没关系,我的马快着呢!”路人替他着急,拉住他的马,阻止他说:“方向错了,你的马再快,也到不了楚国呀!”那人依然毫不醒悟地说:“不打紧,我带的路费多着呢!”路人极力劝阻他说:“虽说你路费多,可是你走的不是那个方向,你路费多也只能白花呀!”那个一心只想着要到楚国去的人有些不耐烦地说:“这有什么难的,我的车夫赶车的本领高着呢!”路人无奈,只好松开了拉住车把子的手,眼睁睁看着那个盲目上路的魏国人走了。

△▲想一想

故事中的魏国人犯了什么错误?

二、在知行统一中提高人生发展能力

(一)人的能力在实践中形成和发展

人们在实际工作中,通过不断地实践,不仅加深了对事物的认识,更锻炼出了各种各样的能力。除了本能外,促进人生发展的学习能力、思维能力、创新能力等都不是先天形成的,它们都在人们大量的实践活动中得到锻炼和提高。作为一名中职学生,我们要认真上好实习实训课,更要积极主动参加社会实践,不断提升磨炼技术,提高技能,为人生的成功打好基础。

人生故事

“能工巧匠”赵智林

江苏某机床有限公司工人技师赵智林，从技工学校毕业后，进入一家公司，成为一名钳工学徒。“进不了大学课堂，我一定要当能工巧匠！”赵智林暗下决心。在工作实践中，他边学边用，学用结合，很快从学徒变成了技术能手。他进行了10多项技术发明创造，获得国家机械工业联合会技术能手、江苏省“五一文明职工”等荣誉称号，成为新一代的中国工人技师。在谈到自己的成功经验时，他说：“工厂也是学堂，要当能工巧匠，必须一刻不停地学习钻研。”

△▲想一想

工人技师赵智林的成功中最关键的因素是什么？

(二)提高人生发展能力需要做到知行统一

坚持知行统一是马克思主义哲学的一个重要原则。“知”是指理论、认识，“行”是指行动、实践。坚持知行统一要求我们在日常生活、学习和工作中坚持理论与实践行动相统一的原则。

知识链接

中国历史上的知行观

儒家的荀子提出了“知之不若行之”的观点，他说：“不闻不若闻之，闻之不若见之，见之不若知之，知之不若行之”(《荀子·儒效》)。他强调人的一切知识都来源于感官对外物的接触，强调人的实践对于获取知识具有重要意义。

宋代程朱学派则提出了“知先行后”的观点。朱熹发展并完善了这种知先行后的理论。明代主观唯心主义者王守仁在认识路线上与程朱学派并没有什么区别，但他反对把知行看作是两件事，从而提出了“知行合一”的理论。

明清之际的王夫之则建立了“行先知后”“行可兼知”“知行相资以为用”“并进而有功”的比较完备的朴素唯物主义的知行统一学说。他主张人的知识来源于实践，实践对于人的认识具有不可替代的重要意义。同时他还注意到了认识对实践的反作用，把知和行的“同功并进”看作是一个循环往复、无穷发展的过程。王夫之的知行观达到了古代唯物主义的最高水平。

近代孙中山提出了“知难行易”说，孙中山在理论上肯定了行先知后，行是知的基础和来源，同时又十分重视知对行的指导作用，主张运用“因知以进行”的原理来指导当时中国的革命实践活动。

毛泽东在他的哲学著作《实践论》中运用马克思主义哲学总结了中国革命的实践经验，批判地继承了哲学史上，特别是中国哲学史上关于知行关系问题的研究成果，提出了“辩证唯物论的知行统一观”的理论。这是对马克思主义哲学关于认识和实践统一理论采用中国哲学传统术语的一种表达形式。

坚持理论与实践的统一，既是理论的需要，也是实践的需要。从理论方面来看，不和实践相结合的理论是空洞的理论。从认识和实践的关系中我们了解到，理论认识来源于实践，任何科学理论都是人们在实践中对事物的本质和规律的认识，而且任何理论只有在实践中才能发挥指导作用，并在实践中经受检验，得到丰富和发展。理论一旦脱离了实践，就会显得空洞无物，失去其应有的作用。从实践方面来看，没有理论指导的实践是盲目的实践。

人生故事

大发明家爱迪生

爱迪生只在学校念过三个月的书，但他勤奋好学，勤于思考，一生共有2000多项发明成果，为人类进步做出了重大的贡献。电灯就是其重要的发明之一。

早在1821年，英国的科学家戴维和法拉第就发明了一种叫电弧灯的电灯。这种电灯用炭棒作灯丝。它虽然能发出亮光，但是光线刺眼，耗电量大，寿命也不长，很不实用。因此，爱迪生就暗下决心：“电弧灯不实用，我一定要发明一种灯光柔和的电灯，让千家万户都用得上。”

他开始着手于实验灯丝的材料：用传统的炭条作灯丝，一通电灯丝就断了。用钌、铬等金属作灯丝，通电后，亮了片刻就被烧断。用白金丝作灯丝，效果也不理想。就这样，爱迪生试验了1600多种材料。一次次的试验，一次次的失败。面对失败，面对所有人的冷嘲热讽，爱迪生没有退却。后来，爱迪生又想到用棉线实验，它把棉线放在U形密闭坩埚里，经过高温处理后作为灯丝，这盏电灯足足亮了45小时，灯丝才被烧断。这是人类第一盏有实用价值的电灯。后来，爱迪生又改用钨丝来作灯丝，使灯泡的质量又得到了提高，一直沿用到今天。

△▲想一想

爱迪生的成功给了我们什么启示?

三、正确对待成功和失败

人们通过实践努力改造客观世界,以达成某种目的和愿望。但是生活经验告诉我们,在达成目的和愿望的道路上,充满了许多未知的因素和困难,我们也许必须经历一次又一次的失败后才能实现愿望、达成目的。因此,在日常生活中一件重要的事情就是正确认识成功和失败的关系。

知识链接

对于人生的成功,不同的人有不同的理解,可以说“仁者见仁,智者见智”。有人认为,拥有物质财富、过上富足的生活,就是成功;有人认为,拥有权势地位,高高在上,就是人生的成功;也有人认为,拥有知名度和荣耀、有人追捧,就是人生的成功;还有人认为,成功就是实现了预期的目标或者成功只是个人内心的感受等等。

其实,我们要全面地来分析成功。成功意味着取得了预期的效果,意味着理想目标的实现。我们不但要重视结果,也要重视过程;既要重视个人感受,也要重视客观效果;既要顾及个人,也要顾及集体。成功的意义有大有小;成功的价值有高有低。成功的价值、意义取决于理想目标的性质和价值。理想目标越远大、越高尚,实现目标对社会的贡献越大,则成功的意义越大。

(一)成功与失败的关系

在人生中,失败是不可避免的。这是由很多方面的因素造成的,一方面,由于受到各种主观和客观条件的限制,人们的理论认识不能正确、全面地反映客观事物的本质和规律,以这种认识为指导的实践必然导致失败;另一方面,即使人们正确地把握了客观事物的本质和规律,在实践的过程中,受到个人能力或熟练程度的限制,也会导致失败。因此,我们要对失败持有包容和开放的态度,这样做可以减少面对失败时的挫折感受,增加心理承受能力。

失败乃成功之母,失败是通向成功的途径。所谓“吃一堑,长一智”,经过失败,丰富了生活经验,加深了我们对客观事物本质和规律的理解程度,提高了人们的认识和实践能力，为今后实践的成功创造了有利条件。

福祸相倚，在生活中要做到败不馁，更要做到胜不骄，中国古语说“骄兵必败”。成功了不要骄傲自大、沾沾自喜，否则意志消磨、思想松懈，为前途埋下隐患。面对成功，要认真总结经验，巩固现有的成果，努力争取更大的成功。

人生故事

卧薪尝胆

春秋时期，吴王夫差率兵打败越王勾践，勾践被包围，无路可走，准备自杀。这时谋臣文种劝他暂时臣服。勾践听从了文种的建议，就派他去见吴王。文种见了吴王，献上珍宝，说：“越王愿意投降，做您的臣下伺候您，请您能饶恕他。”夫差认为越国已经不足为患，就不听伍子胥的劝告，答应了越国的投降，把军队撤回了吴国。

吴国撤兵后，勾践带着妻子和大夫范蠡到吴国伺候吴王，放牛牧羊，终于赢得了吴王的欢心和信任。三年后，他们被释放回国。勾践回国后，立志发愤图强，准备复仇。他怕自己贪图舒适的生活，消磨了报仇的志气，晚上枕着兵器，睡在稻草堆上，他还在房子里挂上一只苦胆，每天早上起来后就尝尝苦胆。他派文种管理国家政事，范蠡管理军事，他亲自到田里与农夫一起干活，妻子也纺线织布。勾践的这些举动感动了越国上下官民，经过十年的艰苦奋斗，越国终于兵精粮足，转弱为强。而吴王夫差盲目力图争霸，丝毫不考虑民生疾苦。他还听信伯嚭的坏话，杀了忠臣伍子胥。最终夫差争霸成功，称霸于诸侯。但是这时的吴国，貌似强大，实际上已经是在走下坡路了。

公元前473年，勾践亲自带兵攻打吴国。这时的吴国已经是强弩之末，根本抵挡不住越国军队的强势猛攻，屡战屡败。最后，夫差又派人向勾践求和，范蠡坚决主张要灭掉吴国。夫差见求和不成，才后悔没有听伍子胥的忠告，非常羞愧，就拔剑自杀了。

△▲想一想

吴王夫差如何使吴国从兴盛走向灭亡，越王勾践怎样使自己从失败走向了成功？

总之，在人生的发展道路上，我们都期望获得成功，避免失败。但失败和成功总是相伴而生。成功来源于以正确的认识指导实践，而认识具有反复性，我们对事物的认识不是一次完成，这就无可避免地导致许多时候我们对事物的认识产生偏差，这种带有偏差的认识也将带来实践上的挫折，甚至失败。虽然失败不可避免，但是失败和成功却能相互转化。在实践过程中，面对失败，不要气馁，也不要怨天尤人，而要坚定信心，认真反思，找出失败的原因，调整我们的认识，为通向成功铺平道路。

（二）勇于实践，体验成功快乐

在人生的道路上，行动之前我们既要做足充分准备，又不能畏首畏尾，我们要敢于行动，因为万事开头难，只有踏出了第一步，才会有后来的成就。

哲学故事

穷和尚和富和尚

蜀国的边境住着两个和尚，一个很富有，另一个很贫穷。两人都想去南海游历。一天，穷和尚对富和尚说："我要去南海了，你要不要一起去？"富和尚说："到南海路途遥远，我都准备好几年了，还没有准备充分，你什么都没准备，怎么去？"穷和尚说："我只需要一个水囊和钵盂就够了。"到了第二年，穷和尚从南海回来了。他把自己的游历讲给富和尚听，富和尚露出惭愧的神色。

△▲想一想

穷和尚为什么能达成自己的愿望？通过这则故事我们可以学到什么？

坚持理论和实践相统一，即坚持知行统一是实现成功的一个必要前提。在坚持知行统一前提下，我们更要勇于付出，充分调动主观积极性，努力实现事业和人生的成功。

人生故事

李时珍和本草纲目

李时珍，字东壁，号频湖，是我国明朝时期伟大的医学家。李时珍14岁中秀才，但他立志学医，多次向其父亲表示："身如逆流船，心比铁石坚，望父全孩儿，至死不怕难。”终于在20岁以后，开始学医。

他一面行医治病，一面编修《本草纲目》。为了完成这一著作，李时珍涉猎群书，专研文献800种，作札记百万言，对前人的著述、经验广罗博采，取其精华。他“收罗百氏”“采访四方”，多次离家远行，亲身实践，历尽千辛万苦。他深入民间，不耻下问，广泛收集单方、秘方，精心编选，反复实践，就地采药，填补空白，访万余人。他耗尽半生心血，历时27年，三易其稿，终于在1587年写成《本草纲目》这部巨著。

△▲想一想

通过这个故事，我们可以得到哪些启示？

要想体验成功，必须加强学习，做到知行统一，不断在实践中增强能力，提高认识。人们对事物的认识具有无限性，我们必须充分认识到学习的重要性，终生勤奋学习，掌握科学文化知识；积极参加社会实践，锻炼能力，增长才干，不断总结人生发展过程中经验和教训，为人生的成功打下坚实的基础。

第九课 现象本质与明辨是非

名人名言

感觉到了的东西我们不能立刻理解它,只有理解了的东西才能更深刻地感觉它。

——毛泽东

在纷繁复杂的表面现象下面隐藏着事物单纯深刻的本质,认识的根本任务就是透过事物的现象,把握事物的本质。我们要不断提高认识事物的能力,识别假象,明辨是非,不断提高人生发展能力。

哲学故事

空城计

三国时期蜀魏两国交战,因作战需要,诸葛亮把军队都派去攻打魏军了,只留少数老弱残兵在城中。结果,魏军大都督司马懿率15万大军来攻城。诸葛亮临危不惧,传令大开城门,还派人去城门口洒扫,他自己则登上城楼,端坐弹琴,态度从容,琴声不乱。司马懿来到城前,见此情形,心生疑窦,怕城中有伏兵,因此不敢贸进,便下令退兵。

△▲想一想

司马懿看到的"空城"和诸葛亮布置的"空城"有什么区别?

一、现象与本质

在上面空城计的故事中，城中实际上只有老弱残兵，不堪一击，但是诸葛亮却故意摆出城中有大军埋伏的姿态，目的就是为了迷惑司马懿，使他有所忌惮，不敢轻易攻城。司马懿也没有识破真相，上当退兵，放过了一次大好的取胜机会。从这个故事中我们可以看到事物有两个方面，一是表面显现的方面，二是背后隐藏的方面。其实，事物的这两个方面用哲学的术语来说就是事物的现象和本质。

(一)现象与本质的基本含义

本质是事物的根本性质和内部联系，是客观事物内在的相对稳定的方面。

现象是事物的表面特征和外部联系，是事物的外在表现。现象根据它表现事物的方式分为真象和假象。

真象是指从正面直接表现本质的现象。比如，善良的人表现为真诚热情；诚实的人表现为诚实信用；慷慨的人表现为慷慨大方；吝啬的人表现为抠门小气；聪明的人表现得机警灵活等。

假象是指从反面歪曲的表现事物本质的现象。比如，我们常说的“大智若愚”，某些很有智慧的人在别人看来可能显得愚鲁；又比如，某些人外表显得强大，其实内里空虚，也就是我们常说的“外强中干”；再比如我们常说的“伪君子”，外面表现得像个君子，其实内心奸诈，这些都是假象的例子。

知识链接

海市蜃楼

平静的海面、沙漠或戈壁等地方，偶尔会在空中或地下出现高大楼台、城郭、树木等幻景，称为海市蜃楼。海市蜃楼常在海上、沙漠中产生，海市蜃楼是光线在沿直线方向密度不同的气层中，经过折射造成的结果。海市蜃楼是一种反常的折射现象，常分为上现、下现和侧现海市蜃楼。

在夏季，白昼海水温度比较低，特别是有冷水流经过的海面，水温更低，下层空气受水温影响，比上层空气更冷，所以出现下冷上暖的反常现象。下层空气本来就因气压较高，密度较大，再加上气温又较上层更低，密度就显得特别大，因此空气层下密上疏的差别异常显著。假使在我们的东方地平线下有一艘轮船，一般情况下是看不到它的。但是由于这时空气下密上稀的差异太大了，来自船舶的光线先由密的气层逐渐折射进入稀的气层，并在上层发生全反射，又折回到下层密的气层中来；经过这样弯曲的线路，最后投入我们的眼中,我们就能看到它的像。由于人的视觉总是感到物像是来自直线方向的,因此我们所看到的轮船映像比实物是抬高了许多,所以叫作上现蜃景。

在沙漠里,白天沙石被太阳晒得灼热,接近沙层的气温升高极快。由于空气不善于传热,所以在无风的时候,空气上下层间的热量交换极小,遂使下热上冷的气温垂直差异非常显著,并导致下层空气密度反而比上层小的反常现象。在这种情况下,如果前方有一棵树,它生长在比较湿润的一块地方,这时由树梢倾斜向下投射的光线,因为是由密度大的空气层进入密度小的空气层,会发生折射。折射光线到了贴近地面热而稀的空气层时,就发生全反射,光线又由近地面密度小的气层反射回到上面较密的气层中来。这样,经过一条向下凹陷的弯曲光线,把树的影像送到人的眼中,就出现了一棵树的倒影。由于倒影位于实物的下面,所以又叫下现蜃景。这种倒影很容易给予人们以水边树影的幻觉,以为远处一定是一个湖。凡是曾在沙漠旅行过的人,大都有类似的经历。

(二)现象与本质的关系

1.现象和本质是对立的

首先,现象是事物的外在表象,外露于事物的表面,可以由人的感觉器官直接感知;而本质则是事物内部的根据,具有隐藏性,只能通过抽象思维才能把握。例如,太阳东升西落,好像是太阳在绕地球旋转,而实际上是地球围绕太阳公转。地球围绕太阳公转的本质是不能通过感官直接感知的,而是科学家通过对观测资料的加工处理,通过抽象思维揭示出来的。

其次,现象是个别的、具体的东西,而本质则是同类现象中一般的、共同的东西。例如,世界上的生物种类千差万别,但是它们却具有相同的本质即新陈代谢活动。

再次,现象是多变易逝的,而本质则相对稳定。比如,在几十亿年的生物进化史中有许许多多的物种消失了,也有许多的新物种产生并且处于不停地进化过程中,但是作为生物本质的新陈代谢特点却始终如一。

最后,现象比本质丰富、生动,而本质则比现象单纯、深刻。现象是个别的、具体的和表面的东西,千差万别、多变易逝,所以现象比本质丰富、生动;而本质则是同类现象的共性,隐藏于事物的内部,所以它比现象单纯、深刻。以万有引力为例,由物理学知识,我们知道万有引力本质上是物体之间的一种相互作用,但是大江东流、雨雪下落、星体的运行等丰富多彩的现象都是由这种作用形成的。

2.现象和本质是统一的

首先,两者是相互依存的。现象是本质的现象,本质是现象的本质。也就是说,本质只能透过现象表现出来,现象只能是本质的显现。它们之间是表现和被表现的关系。任何一方离开了另一方都是不能存在的,实际的存在总是现象与本质的对立统一。

其次,二者是相互蕴含的,在实际上也是相互包含的。本质寓于现象之中,这是非常明显的,因为现象是整体,本质是现象的一部分,而且是根本性的部分。反过来,本质也包含现象,因为现象尽管是多种多样、纷繁复杂的,但毕竟是由本质决定的,早已潜在地包含在本质当中,所谓"万变不离其宗"。

第三,现象与本质之间可以相互转化。任何本质都通过现象表现出来,所以本质可以向现象转化。每一个具体的人都是本质与现象的统一体,一个人的本质,总是通过他的言语、观点、待人接物、人际交往等方面不断地表现出来,即不断转变为现象。任何现象都是本质的表现,都是从特定方面表现事物的本质。某一疾病的各种表征都是从不同方面不同程度上表现了该疾病的本质。

总之,现象与本质相互区别、相互对立,又相互联系、相互依存,是对立统一的辩证关系。

(三)我们要学会透过现象认识本质

现象与本质之间的区别,为我们提出了"透过现象认识本质"的必要性。而现象与本质之间的联系,为我们提供了"透过现象认识本质"的可能性。透过现象认识本质,是我们认识事物的根本方法。

现象是认识入门的向导,是我们把握事物本质的起点。只有透过现象,我们才能发现隐藏于现象背后的内在联系,形成对事物的正确而完整的认识。

透过现象认识本质,是一个复杂的过程。这种复杂性,不仅源于现象的多样、多变,还因为我们的认识手段和方式也会产生偏差。只有学会对形式各异、表现多样、错综复杂的现象做出判断,根据各种现象对事物本质的不同的表现方式,通过正确的分析,经过"去粗取精、去伪存真"和"由此及彼、由表及里"的认识过程,认识事物的本质,从而达到预期的认识目标。

二、在认识事物本质的过程中提高人生发展能力

人的认识能力的高低就体现在面对同样的问题,有些人只能看到一些零碎的现象,而另一些人则能通过现象进一步把握事物的深层本质。因此,透过事物的现象,通过不

断努力进而把握事物的本质,是提高人生发展能力的重要环节。

哲学故事

和氏璧的故事

和氏璧是历史上著名的美玉,在它流传的数百年间,被奉为“无价之宝”。

春秋时楚人卞和在楚山,看见有凤凰栖落在山中的青石板上,依“凤凰不落无宝之地”的说法,卞和认定山上有宝,经过仔细寻找,终于在山中发现一块玉璞。他把玉璞献给了厉王,并说这是一块宝玉。厉王命玉工查看,玉工说这只不过是一块石头。厉王大怒,砍下卞和的左脚作为惩罚,并将他逐出国都。后来武王即位,卞和再次把玉璞献给武王,武王又命玉工查看,玉工还是说那只是一块普通的石头,卞和因此又失去了右脚。

楚文王继位后,卞和怀揣玉璞在楚山下痛哭了三天三夜,以致满眼流血。文王得知此事后,便派人问他:“天下被削足的人很多,为什么只有你如此悲伤?”卞和感叹道:“我并不是因为被削足而伤心,而是因为宝石被看作石头,忠贞之士被当作欺君之臣,是非颠倒而痛心!”于是,文王命人剖开玉璞,果然发现是一块稀世之玉。

△▲想一想

这块稀世之玉为什么会被人看作是一块石头?

和氏璧的故事告诉我们,事物的本质有时由于各种因素很难被人们认识,而错误的认识又可能造成许多有害的后果,所以我们要不断提高认识能力,努力把握事物的本质,引导人生向成功的方向发展。

首先,要反复实践,全面把握事物的各种现象。人们对事物的认识都是从现象开始的。事物是复杂多变的,为了认识事物的本质,就要收集丰富的、大量的经验材料,综合事物的各种现象,不能人云亦云,不能仅凭一些零碎的,表面的现象,就轻率地对事物的本质下结论。

哲学故事

盲人摸象

从前，有四个盲人很想知道大象是什么样子，可他们看不见，只好用手摸。胖盲人先摸到了大象的牙齿。他就说："我知道了，大象就像一个又大、又粗、又光滑的大萝卜。"高个子盲人摸到的是大象的耳朵。"不对，不对，大象明明是一把大蒲扇嘛！"他大叫起来。"你们净瞎说，大象只是根大柱子。"原来矮个子盲人摸到了大象的腿。而那位年老的盲人呢，却嘟囔："唉，大象哪有那么大，它只不过是一根草绳。"原来他摸到的是大象的尾巴。四个盲人争吵不休，都说自己摸到的才是大象真正的样子。

四个盲人都各自只摸到了大象的一部分，都以为自己认识了大象，完全没有抓住大象的主要特点，所以每个人对大象的认识都是错误的。

△▲想一想

在日常生活中，我们怎样做才能全面地把握事物的各种现象，直至把握事物的本质呢？

其次，要充分发挥主观努力。通过反复实践，掌握了大量的、全面的经验材料后，须要充分发挥主观能动性，对经验材料进行"去粗取精、去伪存真、由此及彼、由表及里"的分析和研究，运用科学的方法，揭示事物的本质和规律。

人生故事

一只小猫泄露的军事机密

第一次世界大战期间,德法两国交战时,法军有一个旅指挥部设在前线阵地的地下室里,十分隐蔽。但由于忽视了长官养的一只小猫,造成了惨败的局面。当时,德军一名参谋发现:每天上午八九点,总有一只小猫在法军阵地后方的坟堡上晒太阳,一连观察几天,都是如此。此事引起德军司令官的重视,他召集参谋人员进行分析,得出了以下结论:

第一,这只猫不是野猫,因为野猫不喜欢白天出来,更不会在炮火连天的阵地上出没;第二,猫的栖身处在坟包附近,而周围并没有人家,那里很可能是一个地下隐蔽的指挥部;第三,根据仔细地观察,这只猫是名贵的波斯品种,而打仗时还能养这种猫的,肯定不是下级军官。此地极可能是一个高级指挥部。

于是,德军集中了六个炮兵营的兵力,对小猫出没之地猛烈轰击,结果法军的一个旅指挥部被彻底摧毁,所有人员均阵亡。

△▲想一想

通过这则故事,我们可以得到什么样的启示?

人们掌握的大量的材料和现象,有的比较重要,有的比较次要,这就需要进行筛选,这就是“去粗取精”。这些现象中,有一些可能是虚假的,不能作为我们进行判断的依据,这就需要进行鉴别,这就是“去伪存真”。这些现象往往都是彼此分离的、零散的,这就需要综合起来进行思考,从总体上把握,这就是“由此及彼”。这些现象都是表面的东西,要发现隐藏在其中的内在联系和规律性的东西,这就需要运用抽象思维,透过表面,揭示本质,这就是“由表及里”。

三、学会识别假象,提高明辨是非的能力

(一)不要被假象欺骗

虽然任何现象都是对本质的表现,但是现象对本质的表现具有多样性和复杂性。有些相同的现象隐藏着不同本质,有些不同的现象却是同一本质的表现。有从正面直

接表现本质的现象即真象，更有从反面歪曲表现本质的现象即假象。

根据现象表现事物本质的不同方式，我们可以把现象区分为真象、假象和幻象。真象就是以真实的、直接的、肯定的形式正面反映事物本质的现象，假象是以虚假的、歪曲的形式反映事物本质的现象；而幻象则是源于幻想和主观臆造而产生的现象。假象也是一种客观存在的现象，同样也是事物的表面特征和外部联系，也是由本质决定，同真象一样，也是本质的表现，只不过是对本质反面的、歪曲的表现。

所以，真象和假象都是现象，二者的区别不在于是否表现本质，而在于怎样表现本质。通过假象不能直接发现事物的本质，人们必须借助于抽象思维，通过科学的分析与综合，区分真象和假象，通过对真相的分析，抓住事物的本质，同时，揭露假象所掩盖的本质。

幻象或错觉都不是客观的，而是人们的主观臆造或者感觉上的错误所导致的结果，所以它们都不是事物本质的反映。幻象或错觉与假象的根本区别，在于是否具有客观性。幻象或错觉是主观臆造的产物，不具有客观性。

哲学故事

明修栈道，暗度陈仓

秦朝被推翻的时候，项羽、刘邦以及其他参加反秦战争的各路将领，齐集商议胜利以后怎样割据国土。当时势力最强的项羽企图独霸天下，他表面上主张分地封王、分配领地，心里却已开始盘算，将来怎样一个个地消灭他们。

在攻打关中之前，各路将领共同约定，谁先攻下秦都咸阳，谁就在关中为王，最终，刘邦一路过关斩将进入关中。关中物产丰富，而且军事工程也有坚固的基础。项羽不愿意让刘邦当“关中王”，便故意把巴蜀和汉中分给刘邦，封为汉王，把刘邦关进偏僻的山里。而把关中划作三部分，分给秦朝的降将章邯司马欣和董翳，以便阻塞刘邦向东发展的出路。项羽自封为西楚霸王，封地九郡，占领长江中下游和淮河流域一带广大肥沃之地，以彭城为都城。

刘邦对项羽的做法心有不服。可是，慑于项羽的威势，也不得不暂时领兵西上，开往南郑，并且接受张良的计策，把一路走过的几百里栈道全部烧毁。栈道，是在险峻的悬崖上用木材架设的通道。烧毁栈道的目的是为了便于防御，而更重要的是为了迷惑项羽，使他以为刘邦真的不打算出来了，从而松懈对刘邦的戒备。

刘邦到了南郑,发现部下有一位才能出众的军事家,那就是韩信。刘邦就拜韩信为大将,请他策划向东发展、夺取天下的军事部署。韩信的第一步计划是,先夺取关中,打开东进的大门,建立兴汉灭楚的根据地。于是派出几百名官兵去修复栈道。这时,守着关中西部的章邯听到了这个消息后不以为意,对于刘邦和韩信的这一行动,根本没有重视,但是不久章邯便接到报告,说刘邦的大军已攻入关中。章邯起初还不相信,以为是谣言,等到证实的时候,慌忙领兵抵抗,已经来不及了。关中地区于是一下子被刘邦全部占领了。

原来韩信表面上派兵修复栈道,装作要从栈道出击的姿态,实际上却和刘邦统率主力部队,暗中抄小路袭击陈仓,趁章邯不备取得了胜利。这就叫作“明修栈道,暗度陈仓”。

△▲想一想

“明修栈道,暗度陈仓”,哪个是真象,哪个是假象?在我们的生活中识别假象有什么重要意义?

在现实生活中假象无处不在,自然界中存在“海市蜃楼”现象,人类社会中存在口是心非的人。假象是客观存在的,我们之所以称其为“假”,是因为这类现象是以否定的、歪曲的形式表现事物的本质。比如,一根笔直的筷子,当有一部分浸入水中时,显得弯曲了。我们常说“月光皎洁”,但是月亮本身并不发光。假象的存在,增加了认识事物的难度。因此,无论是在科学认识中还是在日常生活中,我们都要提高警惕,不要被事物的假象所蒙蔽。

哲学故事

减灶诱敌

战国时期,魏国派庞涓去攻打韩国。韩国抵挡不住,向齐国求救。齐国派兵营救,以孙膑为军师。孙膑不去直接救援韩国,而去攻打魏国。庞涓率领魏军回援。孙膑下令齐军退兵,并定下诱敌计策,引庞涓追击。庞涓见齐军退兵,就跟在后面,紧紧追赶。

第一天，他追到齐军扎过营的地方，只见营地上到处都是煮饭用的灶。他叫人点了一点灶的数目，不觉吃惊地说："想不到齐军竟有十万人吃饭，人数真不少呀！"第二天，他又追到齐军扎过营的地方，再叫人一点，发现煮饭用的灶减少了一半。他高兴地说："看来已有不少齐军逃跑了。"到了第三天，庞涓发现齐军煮饭用的灶又大大减少了。他更加高兴了，对部下说："我早就知道齐军胆小怕死。他们进入我们国境才三天，已有一大半跑光了。"

庞涓命令抛下辎重，只带轻装精锐部队，日夜兼程，追击齐军。孙膑预料他当天晚上可以赶到马陵。于是命令士兵把大树砍倒，堵塞道路，只留路旁一棵大树，削去树皮，在光光的树身上写了这样几个大字："庞涓死于此树下。"又命军中弓箭手，埋伏两旁，就在那天晚上，庞涓果然赶到马陵。他走到那棵大树底下，见道路被树堵塞，就命人搬树。他看到树身上好像有字，就命人取火来照。庞涓还没来得及把树上那几个大字看完，齐军已万弩齐发，庞涓身中数箭，自知兵败难逃，拔剑自杀。

△▲想一想

用真象和假象的相关知识分析这则故事，说一说庞涓为什么会中计？

(二)要善于把握事物的本质

人的认识能力的高低突出表现在能否透过现象把握本质上。无论对任何事物，我们的认识都不能仅停留在对事物的表面现象上，我们要透过事物的外在表现，认识事物内在的本质。人们可以通过大量现象的研究去发现事物的本质，还要不断深化对本质的认识。因为事物的本质有一个逐渐暴露、逐渐展开的过程，人的认识能力和认识水平也会在这个过程中不断得到提升。

哲学故事

九方皋相马

秦穆公对伯乐说："您的年纪大了，您的子孙中间有没有可以派去寻找好马的呢？"伯乐回答说："我的子孙都是些才智一般的人，可以告诉他们识别一般的良马的方法，不能告诉他们识别天下难得的好马的方法。有个人叫九方皋，他识别好马的本领不在我之下，请您召见他。”

秦穆公接见了九方皋，派他去寻找好马。过了三个月，他回来报告说：“我已经在沙丘找到好马了。”秦穆公问道：“是匹什么样的马呢？”九方皋回答说：“是匹黄色的母马。”秦穆公派人去取马，发现是匹黑色的公马。秦穆公得到消息后很不高兴，把伯乐找来说：“您所推荐的那个人，毛色、公母都不知道，又怎么知道什么是天下的好马呢？”伯乐说：“九方皋相马比我高明啊！他所观察的是马天赋的内在素质，深得它的精妙，而忘记了它的粗糙之处；明悉它的内部，而忘记了它的外表。他只看见所需要看见的，看不见他所不需要看见的；只观察他所需要视察的，而舍弃了他所不需要观察的。”等到马牵回来，果然是一匹天下难得的好马。

按图索骥

伯乐在他写的《相马经》书里有“额头高、眼睛亮、蹄子大，就是好马”的说法。一次，伯乐的儿子拿着《相马经》去认马，遇到一只蟾蜍，就对他父亲说：“我找到了一匹好马，除了蹄子有点不够大，其他条件和书中描述的一样。”伯乐只能无奈地说：“这匹马太爱跳了，不能骑啊！”

△▲想一想

对比上面两则故事，同样是相马，为什么九方皋和伯乐的儿子找到的马相去甚远？

无论认识什么事物，我们都不能仅靠一些局部特征或者一鳞半爪就急于下结论，那样必然会犯错误。我们应该深入实际，认真进行调查研究，努力透过现象把握事物的本质。

(三)学会明辨是非

哲学故事

两小儿辩日

孔子在游历列国时,见到有两个小孩在辩论,就问他们在辩论什么。一个小孩说:"我认为太阳刚出来时距离人近,到中午的时候离人远。"另一个小孩说:"我认为太阳刚出来时离人远,而中午的时候离人近。"第一个小孩说:"太阳刚出来的时候像车盖一样大,中午的时候只有盘子一样大,这不就是远的看起来小,近的看起来大的道理吗?"另一个小孩反驳说:"太阳刚出来时我们感觉很凉,而中午的时候我们感觉很热,这不就是离得越近越热,越远越冷的道理吗?"结果孔子也没有办法回答他们的问题。

△▲想一想

你能利用初中所学的地理知识回答这个问题吗?

生活在社会中,我们会碰到形形色色的人,遇到各种各样的事,许多时候都需要我们做出是非判断和价值取舍。明辨是非,就是指辨别事情的正确与错误。只有我们明辨是非,区分善恶,辨析真假,才能决定什么事情应该做,什么事情不能做,才能抵制诱惑,防止上当受骗。然而在复杂的社会中,分清是非善恶并不是一件容易的事情,这需要我们通过不断的努力,提高透过现象认识本质的能力,识别假象,把握本质,提高辨别力。

哲学故事

老天使和小天使

一个老天使和一个小天使到人间旅游，寄宿时遇上了两个不同的主人，其中一家很富有，但对人冷漠刻薄，放着宽敞舒适的卧房不让人住，而是打发他们住冰冷的地下室；另一家很贫穷，但是很有同情心，不但把自己的卧室让出来，还把仅有的粮食拿出来款待客人。

于是，小天使很不满地指责老天使："为什么住地下室的时候宁愿帮人填补墙洞，却不愿意拯救穷人家的一头快要病死的奶牛？这可是他们家唯一的生活来源啊！"

"孩子，有些事情并不像你看到的那样。"老天使语重心长地对小天使说："在地下室过夜时，我从墙洞看到里面有个秘密的夹层，里面放满了金子，因为那家的主人利欲熏心，不愿赈济穷人，为了不让他发现这些财富，所以我把墙洞填上了。而昨天晚上，农夫的善良妻子本应离世的，是我用奶牛代替了她呀！"

小天使听完之后，恍然大悟。

△▲想一想

通过这个故事我们可以得到什么启示？

所谓"兼听则明，偏信则暗"，在辨析事物真假，区分善恶之际，要多方面地搜集信息，做到"兼听"，不可根据孤立的现象武断、轻率地做出判断，尽量全面地看事情。每个人在成长的过程中，都会面临诸多选择。在判断和选择的过程中，明辨是非尤其重要，这是做人的基本条件。

古语说"路遥知马力，日久见人心"，很多时候事物本质的暴露需要一个过程，所以不要急着下判断，多一些耐心，多留一点观察和思考的时间。

第十课　科学思维与创新能力

名人名言

要是没有独立思考和独立判断的有创造能力的个人，社会的向上发展就不可想象。

——爱因斯坦

科学的思维方法，是提高揭示事物本质的重要方式。人们要认识事物的本质和规律，必须培养科学的思维方法。在社会生活中，我们要熟练运用科学的思维方法，从而提高创新的能力。

哲学故事

田忌赛马

孙膑是春秋战国时期的著名军事家，他同齐国的将军田忌很要好。田忌经常同齐威王赛马，赛马被分成三等，在比赛时，田忌总是以上马对上马，中马对中马，下马对下马。齐威王每一个等级的马都要比田忌的稍强，所以田忌屡战屡败。孙膑知道此事以后，对田忌说："下次比赛时，我有办法使你获胜。"等到田忌和齐威王再一次赛马时，孙膑告诉田忌：以下马对齐威王的上马，再以上马对他的中马，最后以中马对他的下马。结果田忌一败两胜，赢得了比赛。孙膑也因此闻名齐国。

△▲想一想

孙膑取胜的诀窍是什么？

一、掌握科学思维方法，提高人生发展能力

在上面的例子中，孙膑善于思考，打破“上马对上马、中马对中马、下马对下马”的常规套路，取得了比赛的胜利。在生活中，我们也应该向孙膑学习，善于打破常规，开拓创新。这样做有利于我们学习和掌握科学思维方法。科学的思维方法是指在人类认识过程中形成，并用于科学实践活动中对经验材料进行加工处理，以便把握事物本质和规律的思维方式。掌握科学思维方法对人们正确认识世界和改造世界有重要作用，科学的思维方法有利于促进人们对事物的正确认识，可以帮助人们提高面对新情况、解决新问题的能力，达到更好地改造客观世界的目的。

（一）科学的思维方法

科学的思维方法分为逻辑思维方法和非逻辑思维方法两大类。逻辑思维方法主要包括类比法、归纳与演绎法、分析与综合法等。非逻辑思维方法主要包括形象思维方法、直觉思维方法等。

1.类比法

类比法就是根据两个对象或两类对象之间在某些方面的相似或相同，从而推出它们在其他方面也可能相似或相同的一种逻辑推理方法。

哲学故事

邹忌讽齐王纳谏

邹忌身高八尺多，而且身材容貌光艳美丽。有一天早晨他穿戴好衣帽，照着镜子，对他的妻子说：“我与城北的徐公相比，谁更美丽呢？”他的妻子说：“您美极了，徐公怎么能比得上您呢！”城北的徐公，是齐国的美男子。邹忌不相信自己会比徐公美丽，于是又问他的小妾说：“我和徐公相比，谁更美丽？”妾说：“徐公怎么能比得上您呢？”第二天，有客人从外面来拜访，邹忌和他坐着谈话。邹忌问客人道：“我和徐公相比，谁更美丽？”客人说：“徐公不如您美丽啊。”又过了一天，徐公前来拜访，（邹忌）仔细地端详他，自己觉得不如他美丽；再照着镜子看看自己，更觉得远远比不上人家。晚上，他躺在床上想这件事，说：“我的妻子认为我美，是偏爱我；我的小妾认为我美，是惧怕我；客人认为我

美,是想要有求于我。”

于是邹忌上朝拜见齐威王。说:“我确实知道自己不如徐公美丽。可是我的妻子偏爱我,我的妾惧怕我,我的客人对我有所求,他们都认为我比徐公美丽。如今的齐国,土地方圆千里,有一百二十座城池,宫中的姬妾和身边的近臣,没有不偏爱大王的;朝廷中的大臣,没有不惧怕大王的;国内的百姓,没有不对大王有所求的:由此看来,大王受蒙蔽一定很厉害了。”

齐威王说:“说得真好。”于是下了一道命令:“所有的大臣、官吏、百姓,能够当面批评我的过错的,可得上等奖赏;能够上书劝谏我的,得中等奖赏;能够在众人集聚的公共场所指责、议论我的过失,并能传到我耳朵里的,得下等奖赏。”政令刚一下达,所有大臣都来进言规劝,宫门庭院就像集市一样喧闹。几个月以后,有时偶尔还有人进谏。一年以后,即使想进言,也没有什么可说的了。

△▲想一想

邹忌用什么方法说服齐威王纳谏?在运用这种逻辑推理方法后邹忌得到了什么结论?

2.归纳与演绎

归纳法与演绎法也可以称之为归纳推理和演绎推理,推理从形式上都可以分为两部分:前提和结论。前提是做出推理的根据,结论是根据前提经推理得出的结果。

归纳推理又分为完全归纳推理和不完全归纳推理两大类。

完全归纳推理就是根据某类事物的每一对象都具有某种性质而推出这类事物的全部对象都具有该种性质的推理方法。比如,对某个班级来说,通过调查发现该班的每一个同学都不超过18岁,都是未成年人,我们就可以得出结论该班的所有同学都是未成年人。由于班上的每一个同学都是未成年人,即“张三是未成年人”“李四是未成年人”“王五是未成年人”,……这些就是推理的前提,“该班的所有同学都是未成年人”就是推理得到的结论。

不完全归纳推理是根据某类事物的部分对象都具有某种性质而推出这类事物的全部对象都具有该种性质的推理方法。比如,某个人有几个朋友是山东人,这几个山东人都诚实,因而得出结论,所有的山东人都很诚实。

演绎推理就是从一般性的前提推出个别性的结论的推理方法。在初中平面几何课本中有许多定理,这些定理的正确性就是通过演绎法证明的。演绎推理的形式多种多样,下面的推理也属于演绎推理。

所有的人都是动物。

张三是人。

张三是动物。

这个推理有三部分组成,前两个部分是前提,第三个部分是结论,我们一般称这样的推理形式为三段论。关于三段论的更多内容,有兴趣的同学可以参考相关书籍学习。

归纳推理与演绎推理有一个重要的区别,从正确性的前提出发,通过归纳推理得到的结论不一定是正确的,而通过演绎推理,从正确的前提一定能得到正确的结论。这种区别并不表示归纳推理不如演绎推理重要,只是两种推理方法作用不同。归纳推理主要用在科学发现中,演绎推理主要用于逻辑论证。

3.分析和综合

分析法是在思维中把认识的对象分解为不同的组成部分、方面、特性等,对它们分别加以研究的方法。

分析法是认识事物的一种重要方法,通过分析才能达到对事物更进一步的了解和把握。在物理学中,大家都知道自然光经过三棱镜折射后可以被分解为七种色彩的光,正是通过这个过程让我们加深了对光的颜色的本质的理解。在生理学中,人们通过对人体的各个器官和组织的认识来理解人体的生理机能。这些都是分析法在科学认识中应用的例子。

综合法是把分解开来的不同部分、方面再组合为一个统一整体而加以研究的方法。

客观事物的各个部分、方面、因素本来是联系在一起的,要想从整体上把握事物,就必须把分析的结果综合起来,系统综合才能正确认识整个客观事物。只有对事物各要素的本质加以综合,才能正确地认识客观对象。值得注意的是综合并不是简单地机械相加,而是在分析的基础上,把握各个要素之间的内在联系,从而得出对事物整体性的认识。

综合法在科学认知过程中的重要作用:第一,综合是通向科学发现的重要途径。综合能全面地、本质地、揭示事物自身及一事物与另一事物的联系,这种综合认识往往会促成科学上的新发现。第二,综合是一种重要的技术发明方法。由综合而发明创造是通向技术发明的重要途径之一。通过综合已有技术而创造出新的产品,是今天技术创造的重要方式之一。第三,促进交叉学科、边缘学科的发展和大系统、大科学的形成。

分析与综合是相互依赖的。首先,综合离不开分析,综合要以分析为基础。如果没有对事物周密、深入的分析,就不可能有正确的综合。其次,分析也离不开综合,综合是分析的目的。分析是以综合为指导的，如果没有综合的指导，就不可能对事物做出正确的分析。并且分析的目的就是为了综合，如果只分析不综合，就会把事物的各个部分、方面割裂开来，就像盲人摸象一样，孤立地、片面地看事物。

分析法在科学认识中的重要作用：第一，简化复杂事物，为进一步的研究提供有利条件。第二，使人们的认识易于深化，便于揭示事物的本质和规律。分析法的局限性在于它割裂了事物的联系，着重局部的研究，容易使人养成孤立、静止、片面看问题的习惯，并且分析的结果只能得到关于事物各个部分和局部的知识，容易使人只见树木不见森林，缺乏对事物整体的认识。

在认识事物的过程中，分析与综合是交替进行的。开始时人们主要采用分析的方法；当分析进行到一定程度时，认识就转化为综合；当综合完成后，又转化为新的分析。在一定意义上，人的认识过程就是从分析到综合、再从综合到分析，不断交替进行的过程。分析与综合的反复交替，使人的认识不断丰富和发展。

分析与综合相互依赖、密不可分。综合必须以分析为基础，没有分析就没有综合。如果没有分析，关于对象的各个部分、因素的本质的认识，就无从谈起；分析的目的是为了综合并且分析要在综合得到的成果指导下进行。所以，分析与综合是统一的科学思维方法，必须始终相结合。我们既要注意在综合指导下的深入分析，又要注意在分析基础上的综合。

（二）科学的思维方法与人生发展能力

1.科学思维方法与人生发展能力的关系

人类在认识世界和改造世界的实践过程中，发现并总结出科学思维的规律和方法，不断发展着自己的认识能力。同时，科学的思维方法是人们正确认识事物的工具，它能引导我们正确地认识事物的本质和规律，不断提高人生发展的能力。

哲学故事

比萨斜塔的落体实验

1589年的一天，意大利的比萨城外格外热闹。街道上站满了人，学生和市民们吵吵嚷嚷，互相拥挤着，走向比萨斜塔。在人群的后面，比萨大学的教授们身着长袍，排着整齐的队伍，威严地走在街道的中央。这天，年轻的伽利略要在斜塔上进行一次实验。

在学生们的簇拥下，伽利略从容地走到斜塔下，他先让站在旁边的校长检查了一下自己带来的两个铁球，分别重1磅和10磅；然后他一步一步爬上斜塔顶层的阳台。塔下人声鼎沸不绝于耳。等约定的时间一到，伽利略就朝下大声喊道："注意啦，铁球就要掉下去了！"说罢，他两手撒开，两个铁球一起掉落，齐头并进，不一会工夫，同时落到地面上，看得周围的大学教授们目瞪口呆。

△▲想一想

回忆一下初中物理知识，比萨斜塔实验证明了什么原理？

学习运用科学的思维方法，对人生发展具有重要意义。首先，可以帮助人们自觉地掌握正确的思维方法和养成良好的思考习惯；其次，研究科学思维可以帮助人们提高科学素养，不断增长才干，提高科学的鉴别能力；还可以指导我们怎样运用自己的智慧，去进行创造性的研究工作。

总之学习运用科学的思维方法，有助于我们用辩证的思维指导人生；有助于我们更深刻地认识人生；有助于我们汲取前人思维方法的精华，少走弯路；有助于我们正确认识事物、解决问题，更好地实现人生价值，做有利于社会、有利于国家的人。

2.在学习和实践中加强科学思维训练

科学的思维方法不是凭空出现的，而是人们从实践活动中总结出来的。人生发展需要不断通过实践和学习提高能力，既要在学习和实践中不断增长知识，也要加强科学思维方法的训练。

人生故事

被斥责的勤奋

现代原子物理学的奠基者卢瑟福对思考极为重视。一天深夜他偶然发现一位学生还在埋头做实验，便好奇地问："你上午在干什么？"学生说："在做实验。""下午呢？""也在做实验。"卢瑟福不禁皱起了眉头，继续问道"那晚上呢？"学生仍然回答："还是做实验。"

勤奋的学生本以为可以得到老师的表扬，没想到卢瑟福竟然十分恼火，大声斥责："你一天到晚在做实验，什么时候有时间思考呢？"

△▲想一想

我们可以从这则故事中得到什么样的启示？训练和思考之间有着什么样的关系？

像大部分技能的习得一样，科学思维能力的掌握也需要大量的训练。我们不仅要在学习的过程中不断积累知识，更要在学习的过程中不断训练科学的思维方法，从某种意义上说，科学思维方法的学习和锻炼比知识的积累更重要。在平常的学习过程中，我们必须以科学的世界观和方法论为指导，更加自觉地进行科学思维。

二、提高创新思维能力

(一)创新的含义和形式

创新就是消除与客观实际不相符合的旧观念、旧理论、旧模式、旧做法，发现和运用事物的新联系、新属性、新规律，更有效地进行认识世界、改造世界的活动。创新是社会发展的不竭动力。整个人类发展进步的历史，就是一个不断创新和创造的历史。没有创新，就没有人类的进步，就没有人类的未来。科技创新、制度创新和理论创新是人类社会创新的基本形式。

科技创新是指新发现、新发明、新创造，实现生产活动的质的飞跃，使生产力成为推动社会发展最活跃、最革命的力量。科技创新有力地促进着社会生产力的发展，极大地改变着人类社会的生产方式、生活方式和思维方式，促使人类社会发生了极为深刻的变革。

制度创新就是改变与生产力发展要求不相适应的生产关系和上层建筑，建立与生产力发展要求相适应的新的经济制度、政治制度和文化制度。

理论创新是指破除与实际不相符合的旧观念、旧思想、旧理论，建立反映客观实际的新观念、新思想、新理论。理论创新所产生的新的科学结论能够深化和拓展人们对客观世界的认识，对实践具有先导作用。

各种形式的创新，都离不开创新思维。

哲学故事

曹冲称象

有一次,吴国孙权送给曹操一只大象,曹操十分高兴。大象运到许昌那天,曹操带领文武百官和小儿子曹冲,一同去看。

曹操的人都没有见过大象。这大象又高又大,光说腿就有大殿的柱子那么粗,人走近去比一比,还够不到它的肚子。曹操对大家说:“这只大象真是大,可是到底有多重呢?你们哪个有办法称它一称?”

大臣们都纷纷议论开了。一个说:“只有造一杆顶大的秤来称。”而另一个说:“这可要造多大一杆秤呀!再说,大象是活的,也没办法称呀!我看只有把它宰了,切成块儿称。”他的话刚说完,所有的人都哈哈大笑起来。有人说:“你这个办法可不行啊,为了称重量,就把大象活活地宰了,不可惜吗?”大臣们想了许多办法,一个个都行不通。

这时,从人群里走出一个小孩,对曹操说:“父亲,我有个办法,可以称大象。”曹操一看,正是他最心爱的儿子曹冲,就笑着说:“你小小年纪,有什么法子?你倒说说,看有没有道理。”曹冲趴在曹操耳边,轻声地讲了起来。曹操一听连连叫好,吩咐左右立刻准备称象,然后对大臣们说:“走!咱们到河边看称象去!”众大臣跟随曹操来到河边。河里停着一只大船,曹冲叫人把象牵到船上,等船身稳定了,在船舷上齐水面的地方,刻了一条印记。再叫人把象牵到岸上来,把大大小小的石头,一块一块地往船上装,船身就一点儿一点儿往下沉。等船身沉到刚才刻的那条印记和水面一样齐了,曹冲就叫人停止装石头。最后把船里的石头都称一下,把重量加起来,就知道象有多重了。

△▲想一想

在故事中利用了什么原理称出了大象的质量?

(二)创新思维的含义和特点

创新思维是指人们在对事物现状和科学认识的基础上,以新颖独特的方式解决问题的思维过程。创新思维要求人们根据实践发展和科学进步转变思维方式、突破思维定式,在把握事物发展客观规律的基础上实现变革和创新,不断提高创新思维能力。

创新思维具有如下特点：

1. 独创性。创新思维按照与众不同的方式展开思维，达到标新立异的效果。创新思维方式一般不受传统思维方式约束，打破常规，创造性地解决问题。

2. 敏感性。创新思维需要人们敏锐感知客观事物的变化。

3. 灵活性。创新思维能产生多种设想，从不同角度和方面，通过多种途径解决问题。

哲学故事

阿基米德定律

相传叙拉古赫农王让金匠替他做了一顶纯金的王冠做好后，国王疑心工匠在金冠中掺了银子，但这顶金冠确与当初交给金匠的纯金一样重，到底工匠有没有捣鬼呢？既想检验真假，又不能破坏王冠，这个问题不仅难倒了国王，也使诸大臣们面面相觑。后来，国王将它交给了阿基米德。阿基米德冥思苦想出很多方法，但都失败了。

有一天，他去洗澡，坐进澡盆里，看到水往外溢，同时感到身体被轻轻拖起。他突然恍然大悟，跳出澡盆，连衣服都顾不得穿就直向王宫奔去，一路大声喊着："我知道了，我知道了。"原来他想到，如果王冠放入水中后，排出的水量不等于同等重量的金子排出的水量，那肯定是掺了别的金属。这就是有名的浮力定律，即浸在液体中的物体受到向上的浮力，其大小等于物体所排出液体的重量。后来，该定律就被命名为阿基米德定律。

△▲想一想

为什么阿基米德能在洗澡的时候发现著名的定律？我们在日常生活中应该怎样培养创新思维能力呢？

（三）运用创新思维方法提高创新能力

创新思维方法包括联想思维、逆向思维、发散思维、超前思维等多种方法。

联想思维是把对一种事物特有的功能属性的认识，迁移到另一种类似的事物，甚至迁移到不存在这种功能属性的事物上，引出相关的想象，产生出创造性设想的思维方法，例如仿生学的许多创新都是以联想思维为基础的。

逆向思维是一种与一般惯常的正向思维方向相反的思维方法，是逆着常理、常规而进行的思维，由于其不受常理常规的条条框框束缚，往往能打破已有的思维定式而获得新的真理性认识。

哲学故事

司马光砸缸

有一次，司马光跟小伙伴们在后院里玩耍。院子里有一口大水缸，有个小孩爬到缸沿上玩，一不小心，掉到缸里。缸大水深，眼看那孩子快要没顶了。别的孩子们一见出了事，吓得边哭边喊，跑到外面向大人求救。司马光却急中生智，从地上捡起一块大石头，使劲向水缸砸去，"砰！"水缸破了，缸里的水流了出来，被淹在水里的小孩也得救了。

△▲想一想

假设是你碰到了故事中的情况，你可能怎么做？

发散思维是以某些已知信息为起点，充分利用已有的知识和经验，采取推测、想象等方式，让思维沿着不同的方向、不同思路多维度发散进行，以揭示和发现事物新的联系和属性。

超前思维是一种通过对事物未来发展的预测和判断来指导当前行动的探索性思维方式。它通过分析事物的现实状态，依据客观规律和发展的多种可能性，超出已有知识的范围创造性地预测事物未来发展的态势，因而对当前行动做出的决策往往超出为常识所能理解和接受的范围。

哲学故事

1毫米的变化

美国有一间生产牙膏的公司，产品优良，包装精美，深受广大消费者的喜爱，每年营业额蒸蒸日上。记录显示，前十年每年的营业增长率为10～20％，令董事局雀跃万分。

不过，业绩进入第十一年，第十二年及第十三年时，则停滞下来，每个月维持同样的数字。董事局对此三年业绩表现感到不满，便召开全公司经理级高层会议，以商讨对策。会议中，有名年轻经理站起来，对董事局说："我手中有张纸，纸里有个建议，若您要使用此建议，必须另付我5万元！"总裁听了很生气说："我每个月都支付你薪水，另有分红、奖励，现在叫你来开会讨论，你还要另外要求5万元是否过分？""总裁先生，请别误会。若我的建议行不通，您可以将它丢弃，一分钱也不必付。"年轻的经理解释说。

"好！"总裁接过那张纸后，阅毕，马上签了一张5万元支票给那年轻经理。那张纸上只写了一句话：将现有的牙膏开口扩大1毫米。总裁马上下令更换新的包装。试想，每天早上，每个消费者多用1毫米的牙膏，每天牙膏的消费量将多出多少倍呢？这个决定，使该公司第十四年的营业额增加了32％。

△▲想一想

为什么1毫米的变化可以改变公司的营业额？

创新能力是指通过创新活动、创新行为创造性地解决问题的能力。我们要在生活中学习运用创新思维方法，努力提高创新能力。

1.打好牢固的科学知识基础。

创新能力不是与生俱来的，是通过学习和训练产生和提高的，创新能力的提高是一个日积月累、循序渐进的过程。创新需要知识基础，因为没有了基础，超越便没有可能。要认真打好基础，脚踏实地学好科学知识，掌握真才实学，然后融会贯通，构建全面合理的知识体系，为创新做好准备。

2.不畏常规，敢于超越，增强创新意识。

创新是真正意义上的超越，是一种敢为人先的胆识。要敢于提出问题，敢于对一些传统习惯提出质疑，不能迷信书本，迷信权威，在认真学习和思考的同时保持科学质疑和批判的精神，不断培养创新意识。

人生故事

聪明的高斯

高斯是德国伟大的数学家,小时候就是一个爱动脑筋的聪明孩子。上小学时,一位老师想治一治班上的淘气学生,就出了一道数学题,让学生们把从1到100的所有数字加起来,求出他们的和。他想这道题足够这帮学生算半天,他也可以得到半天悠闲。

可是,刚刚过了一小会,小高斯就举起手来,说他已经算出结果了。老师一看他的答案,完全正确,惊诧不已,问小高斯是怎么算出来的。高斯说,我先把1和100相加,得到101,再把2和99相加,以此类推,最后把50和51相加,也得到101,这样一共有50个101,结果当然就出来了,老师对高斯赞扬不已。

△▲想一想

高斯的举动对你有什么启示?

3.努力培养创新精神。

创新在生活中无处不在,不要忽视生活中遇到的问题,在日常生活中要经常有意识地观察和思考一些问题,通过这种日常的自我训练,可以提高观察能力和大脑的灵活性。要积极参加创新实践活动,尝试用创造性的方法解决实践中的问题。这样我们越是积极地从事创新实践,就越能积累创新经验,锻炼创新能力,增长创新才干。

知识链接

中国自主创新面临的困境

我国整体创新能力不足,企业尚未真正成为技术创新的主体,缺乏创新的动力和机制。自主创新能力不足,核心技术受制于人。尽管我国各个产业的技术水平和自主创新能力有了不同程度的提高,个别产业在国际上也具备了一定的竞争力,但总体来看,产业自主创新能力仍然较弱,与发达国家相比还有相当差距,多数产业处于国际产业价值链末端,技术水平、劳动生产率和工业增值率都还比较低,产品附加值也很低。

首先,我国产业技术中的核心专利技术少。我国近半数发明专利申请来自国外,其中绝大部分集中在移动通讯、无线电传输等高新技术产业领域。在高技术领域,美国、日本拥有的专利占世界专利总量的90%左右,包括中国在内的其他国家仅仅占有

10%。由于缺少拥有自主知识产权的核心技术，我国不少行业存在产业技术空心化的危险，成为我国产业进一步发展和进入国际市场的瓶颈。

其次，我国工业生产所需的大量技术装备，特别是高端产品主要依赖于进口。我国作为工业品的出口大国，生产装备特别是技术装备水平还比较差。装备制造业虽然规模较大，但真正体现行业竞争力的高精尖加工工艺和重大技术装备仍然比较薄弱。市场急需的高技术含量、高附加值的技术装备和产品严重短缺，一些国民经济和高技术产业领域所需的重要装备依赖进口。中国的高端医疗设备、半导体及集成电路制造设备和光纤制造设备，基本从国外进口；石化装备的80%，轿车制造装备、数控机床、先进纺织机械、胶印设备的70%依赖进口。我国每年8万多亿元的固定资产投资，有70%是用于购置设备，而其中又有60%依赖于进口。

知识经济时代是一个充满创新的时代。科学技术日新月异，新情况、新问题和新矛盾层出不穷，这需要我们用新的观念、新的思路和新的方法创造性地加以解决。创新是一个民族进步的灵魂，是国家兴旺发达的不竭动力。一个没有创新能力的民族，难以屹立于世界民族之林。在日常生活和学习中，我们要积极学习运用创新思维方法，提高创新能力。

第三单元　练习题

一、选择题

1. 实践是　（　　）

A. 人们改造主观世界的一切活动

B. 主观思维与主观活动

C. 人能动地改造世界的物质活动

D. 客观事物本身

2. 下列属于实践活动的是　（　　）

①蜜蜂酿蜜　②农民种地　③鹦鹉学说话　④经济体制改革

A. ①②　B. ①③　C. ③④　D. ②④

3. 认识是人脑对(　　)的反映

A. 社会调查　B. 客观事物

C. 书本知识　D.前人的知识和经验

4."没有调查就没有发言权"强调的是　（　　）

①实践是认识的来源　②实践依赖于认识

③实践对认识具有决定作用　④认识依赖于实践

A. ②③④　B. ①③④　C. ①②④　D. ①②③

5.实践对认识具有决定作用,下列选项能体现这一点的有　（　　）

①近水识鱼性,近山识鸟音　②冰冻三尺,非一日之寒

③学如逆水行舟,不进则退　④百闻不如一见,百见不如一干

A. ①②　B. ②③　C. ③④　D. ①④

6.实验是人们为了进行某种认识而进行的一种试探性活动。这说明　（　　）

A.实验不是实践活动

B.认识是在实践的基础上发生的

C.理论和实践必须能相结合

D.实践必须走在理论前面

7. 下列说法与“读万卷书,行万里路”体现的哲理相同的是　(　　)

A. “秀才不出门,全知天下事”

B. “学而不思则罔,思而不学则殆”

C. “读书破万卷,下笔如有神”

D. “纸上得来终觉浅,绝知此事要躬行”

8. 下列对成功与失败的关系的说法中,正确的是　(　　)

A. 二者是截然对立的,无法统一

B. 二者相互依存和渗透,互相转化

C. 二者都是实践和认识的表现形式

D. 成功具有反复性,失败具有无限性

9. 现象和本质的关系是　(　　)

A. 现象和本质无关　　B. 现象表现事物本质

C. 现象歪曲事物本质　　D. 现象掩盖事物本质

10. 水有三态:液态、气态和固态,但都是氢原子和氧原子结合成的,其分子式也相同。这一自然科学常识包含的哲理是　(　　)

A. 现象和本质是统一的

B. 现象和本质是对立的

C. 现象和本质既有区别又有联系

D. 认识了现象就等于认识了本质

11.“月亮绕地球公转”“苹果落地”“水往低处流”等现象背后都隐藏着一个共同的东西——万有引力。这表明　(　　)

A. 同一现象只能表现同一本质

B. 同一本质可以表现为不同的现象

C. 现象、本质都隐藏在事物的内部

D. 同一现象可以表现不同的本质

12. 生物进化论的创始人达尔文说:“大自然一有机会就有说谎。”这说明　(　　)

A. 本质离不开现象

B. 现象离不开本质

C. 假象也是事物本质的表现

D. 假象否定了事物的本质

13.“知人知面不知心”“刀子嘴豆腐心”“笑里藏刀”这表明要了解一个人,必须　(　　)

A.透过现象抓住对事物本质的认识

B.透过假象抓住对真相的认识

C.透过本质抓住对事物假象的认识

D.假象不反映事物的本质

14.“听其言、观其行、知其心”这句俗语说的是 ( )

A. 现象未必反映本质

B. 人的表里总是一致的

C. 所有的现象都如实地反映本质

D. 要透过现象认识事物的本质

15.在田忌赛马的故事中,孙膑不按常规比赛,重新找出制胜的策略。这个故事给我们的哲学启示是 ( )

A. 办事情必须充分重视意识的能动作用

B. 必须承认矛盾的特殊性,坚持重点论

C. 必须承认矛盾的普遍性,坚持两点论

D. 办事情要敢于打破窠臼,创新思维

二、问答题

1.实践的形式和特点是什么?

2.实践对认识的决定作用表现在哪些方面?

3.现象和本质的关系是什么?

三、论述题

随着知识经济的到来,世界上许多国家都在加速对本国创新人才的培养和公民创新教育的研究。我国党和政府也十分重视创新人才的培养,强调民族创新意识和创新能力的重要性。党和政府所实施的“科教兴国”战略;从基础教育“减负”,全面实施素质教育,到高等院校改革;从加大科技教育投入到指定教育发展纲要,一个有利于创新人才成长和科技创新的良好环境在我国逐渐形成。

请结合以上材料论述应如何培养自己的创新精神,提高创新能力?

第四单元

顺应历史潮流
树立崇高理想

导语

每个人都有自己的理想，而这些理想却各不相同。有人追求精神的欢愉，有人追求物质的富足，还有人停留在幻想的迷茫，裹足不前。一个人追求的理想越高远，个人发展进步就越快，对社会的贡献也就越大。理想不是生命中可有可无的缀饰，而是人生命的支点。有了理想的生命，才是鲜活和富有生命力的！因此，我们应该树立崇高的理想信念，用自己的辛勤和汗水，浇开理想之花！

第十一课　历史规律与人生目标

名人名言

人活着要有生活的目标：一辈子的目标，一段时间的目标，一个阶段的目标，一年的目标，一个月的目标，一个星期的目标，一天、一小时、一分钟的目标。

——列夫·托尔斯泰

人生发展必须有明确的人生目标，确立和实现人生目标必须符合历史发展规律。一个明确的人生目标能够给人以明确的方向感，使人充分认识到每个行为的目的，从而让人对自己的所作所为有清晰、准确的评估，并激发出人的潜能，使人们更加关注通过自身努力获得的结果。人们在不断超越既定目标时，才能在纷繁复杂的日常生活中找到奋斗的方向。

一、人生发展必须有明确的人生目标

哲学家尼采说过："人只有找到生存的理由，才能承受任何境遇。"他所谓的"生存的理由"，其实就是人们常常说的"人生目标"，或者"理想"。这句话的道理很深刻，同时也很简单，如果一个人对生活的意义没有明确的认识，没有人生理想或者人生目标，通常会放纵自己，原地踏步或者自甘堕落，一辈子庸庸碌碌地结束自己的生命。每个人都有理想和追求，人为什么活着和为什么人活着，决定了人生发展的根本方向。

人生故事

目标的重要性

哈佛大学1953年曾经做过一个调查,是关于目标对人生结果的影响的测试,测试对象是一群智力、学历、条件、环境都相差无几的学生。

25年后,哈佛大学再次对这些学生进行了跟踪调查,结果是这样的:

第一类是有清晰、长远人生目标的人,他们一直朝着同一个方向努力,这些人成为了社会各界的成功人士,其中不少人是白手起家的创业者、行业领袖和业内精英;第二类是有清晰但比较短期目标的人,大多生活在社会的上层,成为行业内的专业人士,有很稳定的工作和收入,比如医生、律师和公司高管等;第三类是目标不太明确的人,他们大多生活在社会的中层或者下层,尽管能够衣食无忧,但是没有什么值得称道的成绩;第四类是没有目标的人,大多生活在社会的底层,生活得十分艰辛,心中对他人和社会充满了抱怨,家庭也不怎么幸福。

△▲想一想

既然人生目标对人生的结果影响如此之大,你打算确立什么样的人生目标呢?

一个明确的人生目标对一个人的人生起到的作用是非常巨大的,有了明确的奋斗目标,人们才会认识到自己所作所为的目的和意义。作为中职学生,在以后的职业生涯中应该为自己确立怎样的人生目标,是每个人都无法回避的问题。当然,在确定人生目标的时候,我们还应该知道,人生目标的形成,不仅仅是心灵主观自生的,还要受到一定历史条件和社会关系的制约。不同的历史时期,受限于生产力发展水平,人们需要满足的需求不同,所确立的奋斗方向就会有差别。在生产力发展水平低下的原始社会,人们最迫切需要解决的就是温饱和生存问题,所以他们所做的一切努力和尝试都是为了在恶劣的自然条件下使自身能够存活下来。在生产力高度发展的现代社会,人们的生活水平有了极大的提升,在满足物质方面需求的同时,人们开始注重对精神层面的追求。

另外,世界观和人生观不同,人们对人生目标的追求也会不一样,正确的人生目标,会贯穿于人生历程的始终,激励人奋进和拼搏,反之,则会像失去了航向的小船,在大海上漂泊,不知归途。顺应历史发展,树立崇高的人生目标是当代青年的正确选择。

知识链接

阶梯理论

心理学上有一个"阶梯理论",如同我们爬楼梯,如果让你一次爬十层楼,你可能会受不了,但如果把十层楼分解成五个二层楼,再爬起来一下子就会轻松好多。对于我们学生来说,也可以把目标分解成一层一层的阶梯,按照短期目标、中期目标、长期目标的方式进行合理地规划和安排,然后一步一步按照计划去实行。这样我们就能知道如何去具体操作,而且每天都会过得充实。实际上,每一个目标的实现都是一次进步,而每一次进步都会为我们继续朝着目标努力增添信心和动力,从而为实现最终目标不懈奋斗。

我们青年人要想使自己的生命更有意义,就必须拼搏进取,尽己所能,发愤图强。没有顽强的精神,就很难克服人生路上的种种困难,也就无法成就我们的目标和理想。在拼搏和进取中,一串串闪光的足迹,就是我们人生价值的体现。每个人应该有明确的人生目标,并用实际行动把它变成现实,最终体现自身的价值。那么,我们应该怎样确立自己的人生目标并实现它呢?

(一)人生目标的确立要与社会需要相结合

人生故事

为中华之崛起而读书

周恩来12岁那年,在租界地里,他目睹了中国同胞受欺辱的情景,心情非常沉重。

一次,校长来给大家上课,问同学们:"你们为什么读书?"有的说:"为明理而读书";有的说:"为做官而读书";有的说:"为父母而读书";有的说:"为挣钱而读书"。当问到周恩来的时候,他站起来,响亮而坚定地回答:"为中华之崛起而读书!"校长听了为之一振,他怎么也没想到,一个十几岁的孩子,竟有如此抱负和胸怀。他睁大眼睛又追问了一句:"你再说一遍,为什么而读书?"

"为中华之崛起而读书！"

周恩来铿锵有力的话语，博得了校长的喝彩："好哇！为中华之崛起！有志者当效周生啊！"15岁那年，周恩来以优异的成绩考进天津南开中学。他上课认真听讲，课外阅读大量书籍，获得了丰富的知识。周恩来在青少年时期，为中华之崛起努力读书，在以后的人生里，他也是为了这个目标，忘我地工作，无私地奉献了自己毕生的精力。

△▲想一想

崇高的人生目标会对人生发展起到什么样的作用？我们应该树立什么样的人生目标？

一个人的命运只有和国家、民族的命运相结合，生命的价值才能得以体现。当前，我国正处在改革开放实现现代化的进程中，国家需要一大批技能型人才投身于这一伟大的历史进程。作为站在时代前沿的青年学生，我们应该认清中国社会发展的规律、趋势和要求，紧跟历史潮流，自觉地把社会需要转化为自己的奋斗目标。

同时，在目标确立之前，要对目标的价值做出判断。人生目标有正确和错误之分，判断其正误的一个最重要的标准就是看它是否符合社会发展规律，是否与社会发展的方向相一致，只有满足了社会的需要，才能促进和推动社会的发展。作为中职学生，我们要充分利用在校的时间刻苦学习知识和技能，让自己学有所长，一专多能，更好地为社会主义现代化建设服务。

(二)人生目标的确立要与现实可能性相统一

人生故事

不同的人生目标

小李大学毕业后进入了一家电脑公司，从工作的第一天起，他自己确立了一个奋斗目标：先做一个像比尔·盖茨一样的企业家，再成为一个政治家。为了实现自己的人生目标，小李不屑于做一些小事，总喜欢接手一些有难度和挑战性的工作，由于他刚刚毕业，工作经验欠缺，不仅没有实现自己的目标，还因为没有做好本职工作而被老板炒了鱿鱼。

与小李在同一家电脑公司工作的小王，在工作的第一天起，也为自己确立的奋斗目标是：用两年的时间当上部门经理。从确立目标的那一天起，“部门经理”这几个字就深深地印在他的脑海里，他也每天都按照部门经理的要求来严格要求自己，工作业绩一路攀升。不到一年，小王就被提拔到了主管的岗位，他工作起来更加努力了。虽然为此他牺牲了许多休闲娱乐的时间，但他的工作能力和业绩得到了公司总裁的肯定，在当上主管半年后，小王被提升为部门经理，成为公司里最年轻的经理。

△▲想一想

为什么小王和小李都确立了人生目标，但结果却不同？

对于一个人来说，一个与现实相脱节的人生目标只能是停留在空想或者幻想的基础上，在现实生活中是没有意义的。很多人失败的原因就在于目标不现实，不能扬长避短或者目标太虚无。因此，确立人生目标时不能脱离现实生活和自己所处的环境和条件，一个脱离了现实生活的人生目标，是不具备实现的可能性的。

我们在确立人生目标的时候应该认真分析社会大环境，比如时代特征、国家的方针政策、社会经济发展情况、自己所在地区经济发展形势、所从事行业的专业发展情况以及自己所处的家庭情况等等。在全面分析自己所处的主客观条件的基础上，确立符合实际的人生目标。

(三)人生目标的确立要与自身条件相统一

人生故事

井上富雄的“25年计划”

日本著名企业家井上富雄，年轻时曾在IBM公司工作。进入公司不久，由于他体质衰弱加之积劳成疾，终于病倒了。他凭着坚强的意志与病魔搏斗了3年之久，终于康复并重新回到公司工作。

当时，他已经25岁了，于是他立下了往后25年的生涯计划。此后，他每年都为自己未来的25年生涯订立新的计划。比如28岁时，制订了到53岁时的生涯计划；到了30岁时，制订出至55岁时的生涯计划。最初他制定生涯计划的动机相当单纯，他觉得，病愈后重回公司，一些比自己晚入公司的后辈职位都超过了他，想要在短时间内拉近差距着实不易。但是，井上富雄并不是一个轻易服输的人。所以，他就暗暗下了这样的决心：别人花3年时间，我花6年的时间；别人花5年时间，我就花10年的时间，只要循序渐进，肯定是会有成就的。”所以，井上富雄订立了自己的“25年计划”表，并督促自己按计划实践。在这期间他不断地调整自己的职业计划，追加新的努力目标。到了30岁时，井上富雄成为经理，到了40岁时，当上了总经理，他的升迁比别人要快得多。而47岁时，他干脆离开IBM公司，自己开始创业。能取得这些成就，并不是因为他的脑筋特别好或者善于钻营，只不过他能拟定适合自身条件的职业生涯计划，并且脚踏实地地去实践。

△▲想一想

你的人生目标是什么？你打算怎样实现它？

人生目标的确立和实现要符合个人实际，人的主观动机总是基于一定的物质生活条件，人的动机只有符合社会发展规律和发展要求才能得以实现。如果确立的人生目标不切实际，不能根据自身条件扬长避短，或者目标不清晰，人生目标就变成了无源之水，无本之木，失去了进一步发展的可能性。每个人都是独一无二的个体，在学识、经验、体格及特点方面都会存在差异。因此，确立人生目标要充分地考虑自身条件，全面分析评估，不能人云亦云，随波逐流，要有自己的见解和看法，结合自身实际确立人生目标。

二、实现人生目标必须遵循历史规律

人类社会与自然界不同，人的有意识的活动促进了社会历史的发展，社会发展规律也通过人的活动显示出来。人生目标的确立和人生理想的实现都不能违背社会历史发展的基本规律。在遵循社会历史发展规律的基础上，我们还要学会运用规律，为自己的人生发展铺就宽阔的道路。

知识链接

透过扑朔迷离的历史现象我们就会发现,历史发展并不仅仅是年代的更替和朝代的变换,而是隐藏着一定的规律。

恩格斯在马克思墓前的讲话中说道,马克思一生有两大发现,一是唯物史观,一是剩余价值学说。他说:"正像达尔文发现有机界的发展规律一样,马克思发现了人类历史的发展规律,即历来为繁芜丛杂的意识形态所掩盖的一个简单事实:人们必须吃、喝、住、穿,然后才能从事政治、科学、文化、艺术等等;有了直接的物质的生活资料的生产,一个民族或者一个时代的一定的经济发展阶段,便构成基础。人们的国家设施、法的观点、艺术及宗教的观念,就是从这个基础上发展起来的。"

(一)社会历史发展的基本规律

社会历史发展规律就是人的实践活动的规律,从它的形成机制看,形成于人们的实践活动之中;从它的作用方式看,要通过人的有目的、有意识的活动才能体现出来。人们在生产活动中形成的生产方式奠定了人类社会存在和发展的基础,促进了社会形态的变革和更替。

在生产方式中,生产力是最活跃、最革命的因素,体现着人们在物质生产活动中解决社会与自然之间矛盾的实际能力,它包括劳动者、以生产工具为主的劳动资料和劳动对象三个要素。生产力的发展状况决定生产关系的性质,也会引起生产关系的变革。

生产关系是人们在物质生产过程中所结成的经济关系,它主要包括生产资料的所有制形式、人们在生产中的地位和关系、产品分配关系这三个方面。生产关系对生产力具有反作用,当生产关系适应生产力发展状况时,对生产力的发展起促进作用;当生产关系不适应生产力发展状况时,对生产力的发展起阻碍作用。生产力及生产关系的相互作用及其矛盾运动,构成了二者之间的内在的、本质的、必然的联系,也形成了生产关系一定要适应生产力发展状况的规律。

知识链接

科学技术是生产力,这是马克思主义历来的观点。

早在1975年邓小平主持各条战线的整顿,指导起草《中国科学院工作汇报提纲》时,针对"文化大革命"中对经济和科技的破坏,就以马克思"生产力中包括科学"的论述为依据,指出科学技术是生产力。粉碎"四人帮"以后,1977年邓小平复出,立即提出,实现现代化,关键是科学技术要能上去。1978年在全国科学大会上,他重申"科学技术是生产力"这个马克思主义论点，并阐述道："现代科学技术正在经历着一场伟大的革命。近三十年来，现代科学技术不只是在个别的科学理论上、个别的生产技术上获得了发展，也不只是有了一般意义上的进步和改革，而是几乎各门科学技术领域都发生了深刻的变化，出现了新的飞跃，产生了并且正在继续产生一系列新兴科学技术。现代科学为生产技术的进步开辟道路，决定它的发展方向。"

1988年他在同捷克斯洛伐克总统胡萨克谈话时进一步指出："马克思说过，科学技术是生产力，事实证明这话讲得很对。依我看，科学技术是第一生产力。"这个论断，继承了马克思，又发展了马克思，是马克思主义的一个新概括，是从当代科学技术急剧发展及其在社会进步中的巨大作用这个事实中概括出来的。

面对现代科学技术的新的革命形势，我们要实现经济的振兴，必须把科学技术作为战略重点放在突出的位置上，只有坚定地推动科技进步，才能在激烈的竞争中取得主动。

经济基础是指与生产力的一定发展阶段相适应的生产关系的总和。上层建筑是指建立在一定的经济基础之上的意识形态、政治法律制度及设施。经济基础决定政治法律制度及设施，决定各种思想观念和意识形态，简言之，即经济基础决定上层建筑。同时，上层建筑对经济基础具有反作用。当上层建筑适应经济基础状况时，促进经济基础的巩固和完善；当上层建筑不适应经济基础状况时，阻碍经济基础的发展和变革。因此，当上层建筑适应经济基础的发展状况并为之服务时，会促进生产力的发展并推动社会的进步；当其为落后的经济基础服务时，会束缚生产力的发展并阻碍社会的前进。经济基础与上层建筑的相互作用及矛盾运动，构成了二者之间内在的、本质的、必然的联系，也形成了上层建筑一定要适应经济基础发展状况的规律。

社会历史发展规律就是指生产力决定生产关系，生产关系反作用于生产力。先进的生产关系促进生产力发展，落后的生产关系制约生产力的进步；经济基础决定上层建筑，社会存在决定社会意识。社会历史发展过程中的动力是生产力与生产关系的矛盾，经济基础与上层建筑的矛盾。其中，生产力与生产关系的矛盾、经济基础与上层建筑的矛盾是人类社会的基本矛盾，是社会发展的根本动力，这两对矛盾贯穿于人类社会的始终，决定着社会发展的方向。

(二)社会历史发展规律是客观的

自然界的发展是通过事物之间以及事物内部各要素之间的相互联系和相互作用表现出来的，因而是客观的。社会历史是人类社会有目的、有意识地活动的产物，同自然规律一样，社会发展规律也是客观的，它不能被创造，也不能被消灭，社会发展的总趋势也不以任何人的意志为转移。

1.社会历史发展具有客观规律性

唯物史观认为，社会存在决定社会意识，社会意识又反作用于社会存在，生产力和生产关系之间的矛盾，经济基础和上层建筑之间的矛盾是社会发展的基本矛盾，人民群众是历史的创造者。

2.社会历史发展规律具有特殊性

知识链接

历史不同于自然，历史事件都是独一无二的。

历史事件是历史主客体多种复杂因素相互作用的结果，总是个别的、具体的、不可重复的。比如法国大革命、明治维新、戊戌变法、西安事变等等都是非重复性的存在，但由此否定历史必然性却是不正确的。

要把历史事件、历史现象和历史必然性三个概念加以区分。戊戌变法是“一”，但改良、改革作为历史现象在古今中外并不罕见，是“多”；法国大革命是“一”，但资产阶级革命作为历史现象在近、现代历史上却重复多见，是“多”……这表明，历史事件是“一”，历史现象是“多”，在这“多”的背后存在着只要条件具备就会重复起作用的历史必然性。历史发展规律的重复性也正是通过这一个个不可重复的历史事件体现出来的。

社会的发展离不开人的实践活动，它是无数人共同作用形成合力的结果，是无数偶然事件的总和推动了社会发展。社会发展是人民群众共同作用的结果，社会发展规律的实现需要人的创造性活动。我们应该坚持唯物主义的群众史观，反对个人英雄主义。

3.个人活动与社会发展相互联系、相互促进、相互制约

人生故事

袁世凯复辟帝制

辛亥革命是中国历史上的一次伟大的反帝反封建的资产阶级民主革命，推翻了清王朝的封建统治，结束了几千年的封建君主专制制度，建立了资产阶级共和国，使民主共和的观念深入人心。1912年，袁世凯就任“中华民国”临时

大总统，辛亥革命的成果被袁世凯窃取。1915年底，袁世凯逆历史潮流而动，将“中华民国”改为“中华帝国”并准备于元旦登基称帝，年号“洪宪”，将1916年定为“洪宪”元年。袁世凯倒行逆施的行为遭到举国反对，各地抗议复辟帝制的斗争四起。最终，袁世凯在众叛亲离中，被迫于1916年3月取消了帝制。

△▲想一想

袁世凯复辟帝制失败的历史事例告诉了我们什么道理？个人活动与社会发展有什么联系？

个人的发展离不开社会，社会为个人的发展提供了所需的各种条件。马克思曾说，人们自己创造自己的历史，但是他们并不是随心所欲地创造，并不是在他们自己选定的条件下创造，而是在直接碰到的、既定的、从过去继承下来的条件下创造。因此，每个人在通过有目的、有意识地活动来创造自己的历史的同时，个人目的、动机总是受到社会发展规律的制约，社会历史发展规律也通过人们的活动表现出来。

社会发展规律存在于人的自觉活动中，它影响和决定着每个人的生活与活动，代表了社会的发展方向和人民群众的根本利益，正确解决了个人和社会的关系。因此，我们需要在遵循社会发展规律的前提下确立人生目标。

（三）遵循社会发展规律与确立人生目标的关系

在现实社会中，社会的发展与人的发展是统一的，社会的发展规律与个体的发展是一致的，因此我们在确立人生目标时要与社会发展规律相结合。这就要求我们正确地认识个人发展与社会发展的关系，自觉地把个人的发展和成长纳入到社会发展之中。

1.人生目标的确立要符合社会历史发展的规律

知识链接

1919年的五四运动，是我国近代史上的一次伟大的反帝反封建运动，标志着我国的民主革命进入了一个崭新的阶段，成为我国现代思想文化和社会政治史的分界线。经过五四运动的洗礼，一大批青年知识分子接受了马克思列宁主义，并顺应了中国社会发展的历史规律，确立了为民族解放和国家富强奋斗终生的人生目标，踊跃地投身到革命的实践中，为中国革命事业挥洒自己的青春和热血。

个人活动与社会发展是相互联系、相互制约的关系。

一方面，个人活动对社会发展产生能动的影响。当个人活动顺应社会发展规律，反映了人民群众的根本利益时，就会对社会的发展进步起到积极的推动作用，反之，就会阻碍社会的发展。另一方面，个人活动又会受到社会发展的制约，这就要求我们在确定人生目标的时候既要充分利用社会发展中现有的有利条件，又要充分发挥自身的主观能动性，使个人活动符合历史规律，顺应历史潮流。

人生故事

王晓的创业经

王晓从中职学校电子应用技术专业毕业时，正逢国家鼓励自主创业和多渠道就业。于是他瞅准机会，创办了“晓晓家电维修公司”。意识到自己刚刚走出校门，缺乏创业经验，他积极参加当地政府组织的创业培训讲座，同时还寻求相关咨询机构的指导；运营资金不足，他就向政府申请创业贷款。在学习和实践中，王晓明确了经营理念，丰富了经营知识，同时也积累了一定的经验。尝到创业甜头的王晓，又开始学习企业管理的相关课程，决心把“晓晓家电维修公司”进一步扩大规模。王晓在充分利用社会发展成果的基础上实现了个人的全面发展，在实现了个人理想的同时也为社会发展做出了自己的贡献。

△▲想一想

王晓为什么能顺利地实现自己的人生目标？

2. 人生目标要在社会发展中不断矫正

在实现目标的过程中，我们也许会发现原定目标和现实情况不一定合适，有可能目标过高或过低，这就须要我们在必要时及时调整、重新修订目标。许多在人类历史发展过程中做出杰出贡献的人之所以取得令人瞩目的成绩，并不是他们不犯错误，而是一旦发现目标和实际不符，就立即修正，不断调整目标和方向。个人也正是在不断调整和变化的过程中，逐渐得到成长。

人生故事

鲁迅弃医从文

鲁迅先生是我国近代伟大的文学家，但他一开始确立的人生目标却并不是成为文学家或者作家。

当他目睹了旧中国一些庸医学艺不精，误人性命甚至以医行骗的现实后，他立志学医报国，并于1904年东渡日本求学。一天，他在学校看电影时，银幕上出现了一个被绑着的中国人，正要被日军砍头示众。周围有很多看热闹的中国人，这些人虽然看起来体格强壮，但精神却是麻木的……演到这里，日本学生中响起了一阵掌声，这掌声深深地刺痛了鲁迅的心。

他清醒地意识到："医学并非一种紧要事，凡是愚弱的国民，即使体格如何健全、如何强壮，也只能做毫无意义的示众的材料和看客，病死多少是不必以为不幸的，所以我们的第一要务，是改变他们的精神，而善于改变精神的事，我那时以为当然要推文艺，于是想提倡文艺运动了。"(呐喊·自序)

于是，中国就少了一个医学家，成就了一个文学家。可见，人生目标决定了人的发展，而人生目标的确立是与社会状况紧密相连的。

△▲想一想

鲁迅先生为什么要弃医从文？你的人生目标有没有发生过变化？

人生目标的确立往往是基于特定的社会环境和条件，而社会环境和条件总是处在变化和发展中，因此，确立的目标也应该随时修改和更新。人生目标的确立不应该成为人生发展的羁绊，它的存在只是为人们的前进提供了一个方向，当它与社会发展不相适应的时候，就应当予以矫正。当然，矫正目标只有在必要的时候才须要去做，否则，经常变换目标就会因为找不到方向而失去信心和动力。俗话说："无志者常立志，有志者立长志"，我们应该确立一个长远的志向，并坚持不懈地向目标一步步地靠近，直至走向成功。

3.实现人生目标要靠不懈的努力

人生目标的实现，绝非一朝一夕可以完成。每时每刻都有人在畅想着自己的美好未来，但只想不做，这些美好的想象只能停留在空想的层面，不可能变为现实。一个人无论从事什么样的职业，处于什么样的社会地位，只要能够做到努力拼搏，有不达目标不罢休的勇气，就一定可以在通往成功的道路上越走越远。

人生故事

姗姗来迟的成功

他出生在美国印第安纳州的一个普通的农户家，6岁那年，父亲不幸去世，留下母亲和他们兄妹三人。为了维持生计，母亲早出晚归，四处揽活。作为长子的他十分懂事，主动承担起照顾弟弟妹妹的责任。

12岁那年，母亲不堪生活的重负，带着他们改嫁了，然而他和继父的关系却处得不是很融洽，他时常有一种身在别人屋檐下的感觉。为了不看继父的脸色生活，他决心自立，靠自己勤劳的双手去改变命运。

生活的磨难并没有让他退缩，反而更加坚定了他的决心。怀着对未来美好的憧憬，他孜孜不倦地努力着，在他四十岁那年，他用之前几十年辛勤工作的积蓄在肯塔基州开了一个加油站，每天都有很多的客人。看到那些历经长途跋涉，饿得饥肠辘辘的司机时，他动了同情心，常常邀请他们一同进餐。那些司机对他做的美食赞不绝口，尤其是他做的炸鸡，味道十分鲜美。这突然让他有了一种想法，为何不准备一些方便食品，来满足这些司机的需求呢？况且自己的烹饪技术还不错。

说干就干，他在自己的加油站旁卖起了炸鸡。起初，人们只是来加油时买上一两只，但随后他们发现这儿的炸鸡口味非常独特，就介绍自己的亲戚朋友来买。没过多久，他的炸鸡生意出乎意料的好，收入竟超过了加油站。真是“有心栽花花不开，无心插柳柳成荫”，他的炸鸡很快传遍了整个肯塔基州，人们纷纷来到他的加油站专程来品尝他的炸鸡。由于顾客剧增，加油站的地盘根本容纳不下，他只好在马路对面买了一块地，专门修建了一个快餐店。然而，他的炸鸡生意做得并不是一帆风顺，先是政府为了修路，拆掉了他的快餐店；接着，他被生活所迫，将炸鸡的专利卖给了别人；随后又因商标侵权，与人打了一场官司；直到88岁，他才真正拥有自己的事业。

这个命运多舛的人叫作哈兰·山德士，是肯德基的创始人。如今，他的炸鸡风靡全球，在世界上拥有了一万五千多家连锁店。

△▲想一想

了解了哈兰·山德士的人生经历，你有什么感想？

一个人未来的人生走向，要靠坚定不移的信念，踏实努力的工作造就，而与你出生在什么样的家庭无关。在这个世界上，努力从来不会白费。

作为中职学校的学生，不仅要把握和遵循历史规律，还要学会运用历史规律，在这个基础上充分发挥自己的主观能动性。要掌握扎实的专业知识技能，就要从认真听好每一节课、完成每一次作业开始；要培养健全的道德人格，就需要从生活中的每一件小事做起，勿以善小而不为，勿以恶小而为之。因此，当我们确立了人生目标后，就应该勇敢地走下去，全力以赴地去追求，锲而不舍地去努力，将来一定会迈进成功的殿堂。

第十二课 社会理想与个人理想

名人名言

理想是指路明灯。没有理想,就没有坚定的方向;而没有方向,就没有生活。

——列夫·托尔斯泰

理想犹如大海中的航标,没有它,人生就没有明确的方向。理想又如同岸边闪亮的灯塔,照亮每个人前进的航向。理想包括社会理想和个人理想,社会理想制约着个人理想的实现,个人理想是社会理想的具体体现。在社会发展中实现个人发展,正确处理理想和现实的矛盾,积极创造实现个人理想的条件,就能在促进社会发展的过程中实现个人理想。

一、正确处理个人理想和社会理想的关系

(一)个人理想和社会理想

每个人都有自己的理想,追求和实现个人理想就成为人们奋斗的源泉和动力。有了理想,人的生活会更加美好和绚烂,生命也会有源源不断的动力。

1.个人理想

个人理想是指在社会中,个人在物质生活、精神生活、道德情操和职业等方面的追求与向往,是终极的人生目标。个人理想包括生活理想、职业理想、道德理想等。生活理想是人们对未来生活中吃、穿、用、住、行、婚姻、家庭以及生活方式的设想和追求;职业理想是人们对未来要从事的工作的向往和期许;道德理想是人们对做人的准则和道德境界的向往和追求。

哲学故事

小鸡的理想

在一个大雪纷飞的夜晚，几只可爱的小鸡围在鸡妈妈身边，叽叽喳喳地谈论着各自的理想。

小白鸡说："长大以后我真不想再做鸡，鸡飞也飞不高，没什么出息。我想做一只鹰，在天空中翱翔。"

小黄鸡说："小白鸡说得对，长大以后我也不想做鸡，鸡每天都要早早地起床打鸣，好辛苦。我想做美猴王！一天什么也不用做，还有好多小猴伺候着，多舒坦呐！"

小花鸡说："是啊是啊，我也不想做鸡。鸡的生命太短暂了，我想做一只长命百岁的乌龟！"

小鸡们激烈地谈论着自己的理想，把自己是谁都给忘了。

母鸡妈妈静静地听着孩子们的讨论，忽然，她发现小毛鸡坐在旁边一言不发，就问："小毛鸡，你怎么不说话呢？告诉妈妈，你的理想是什么？"

小毛鸡问："妈妈，我可不可以做我自己呢？我想和爸爸学唱歌，每天早晨早早地站在山顶上，用歌声叫醒沉睡的人们，让他们起来努力工作。"

母鸡妈妈听了非常高兴，她说："小毛鸡，在妈妈看来，你的理想才是最有可能实现的，因为你懂得结合自身实际情况，只有这样，今天的愿望经过努力才能成为明天的现实。"

△▲想一想

为什么小毛鸡得到了鸡妈妈的夸奖？你的理想是什么？

个人理想具有独特性、现实可能性和超越性。

个人理想的独特性是指人们的个性随着社会的进步和发展得到了极大的张扬和发展，这也造成了人与人之间的差异及多元的思想观念，这种多元性反映在个人理想上就形成了个人理想的独特性，即每个人都有自己的个人理想。

个人理想的现实可能性是指个人理想不是凭空产生的，而是在现实生活中形成的，是人脑对客观现实的自觉反映。个人理想反映着现实发展的客观规律和发展趋势，这也决定了它有变为现实的可能性。

个人理想的超越性是指个人理想源自于人们对生活实际的思考，是在人们对现实进行认识和分析的基础上对未来的憧憬和向往。因此，它来源于现实生活，但又高于现实生活，具有明显的超前性。正因为人们不满足于现实，所以才会为了美好的理想和未来而奋斗。

个人理想是人生前进的方向，一个人如果没有理想，生活不仅没有方向，而且会黯淡无光。人们的幸福感不仅来自物质的富足，还包括精神的愉悦和满足。崇高的个人理想作为人生的精神支柱，为人生发展增添了为理想而奋斗的力量，激励人们矢志不渝，勇往直前。作为中职学生，个人理想既是提升自身素质的动力，也是推动自己做好就业准备，获得理想职业的动力。

2. 社会理想

社会理想是社会全体成员的共同理想，是一定社会或阶级对未来社会发展图景的总体设计。每个历史时期人们都会提出自己的社会理想，而社会的发展进步也是一代代人提出理想并为之奋斗的结果。

知识链接

大道之行也，天下为公，选贤与能，讲信修睦。故人不独亲其亲，不独子其子，使老有所终，壮有所用，幼有所长，矜、寡、孤、独、废疾者皆有所养，男有分，女有归。货恶其弃于地也，不必藏于己；力恶其不出于身也，不必为己。是故谋闭而不兴，盗窃乱贼而不作，故外户而不闭，是谓大同。

这是我国古代人们追求的社会理想——大同社会的最初蓝本，描述了一个“天下为公”“夜不闭户路不拾遗”的理想社会。

社会理想具有群体性、抽象性和长远性。

社会理想的群体性是指它不是单个的个体的理想，而是社会上大多数人对未来社会的要求和向往，而共同的社会理想也是全体人们奋斗的思想基础。一个国家、一个民族，有了共同的社会理想就能统一思想，凝聚力量，为实现社会理想而努力奋斗。

社会理想的抽象性是指社会理想不是由社会中的某个人的意愿所决定的，所以社会理想不是非常具体的某个目标，而是如实现中华民族伟大复兴等具有抽象性的目标。

知识链接

根据马克思主义的科学预见，共产主义社会将是物质财富极大丰富、人民境界极大提高，每个人自由而全面发展的社会。这是人类社会发展的必然趋势，是我们的最高理想。

同时，我们必须看到，共产主义社会只有在社会充分发展和高度发达的基础上才能实现，实现共产主义是一个漫长的历史过程。当前，中国特色社会主义是我国各族人民的共同理想。实现共同理想是实现最高理想的必要准备和必经阶段；实现最高理想，是实现共同理想的必然趋势和最终目的。

社会理想的长远性是指社会理想不是一个能在短期内完成的事情，而且不同的历史阶段、不同的社会，人们会产生不同的社会及政治理想。比如我国正处在社会主义初级阶段，现阶段我国各族人民的共同理想是建设具有中国特色的社会主义，把我国建设成为富强、民主、文明、和谐的社会主义现代化国家。我们的最高理想则是实现共产主义。这也是基于我国社会发展的客观规律和现实国情提出的，符合最广大人民的根本利益和共同愿望，受到了全国人民的拥护和支持。

3.个人理想和社会理想是辩证统一的关系

人的一生就是在社会中生活、实践的一生，只有正确处理好社会理想和个人理想的关系，将个人理想融入社会理想之中，将个人理想和社会理想紧密地结合在一起，才能最终实现个人理想。

人生故事

特工总统——普京

俄罗斯总统普京小时候的理想是成为一名在大海中航行的水手，或者是翱翔天空的飞行员。后来他从《盾与剑》这本杂志上了解到，在第二次世界大战时，由于苏军谍报人员准确地获取了敌人的情报，所以在战争中取得了一次又一次的胜利。这时普京的理想又变为成为一名特工，牺牲自己去换取国家的胜利。

在他16岁的时候，他下定决心要成为一名谍报人员。他跑到列宁格勒的克格勃办事处，想加入特工的行列。可负责招聘的人说："要想成为一名特工，首先身份必须是大学毕业生或者是复员军人。"普京接着问道："大学毕业生你们需要哪些专业的?”招聘负责人说:“最好是法律系毕业生。”

普京把这些话牢牢地记在了心里,中学毕业后,他报考了列宁格勒大学法律系,完成了大学学业后,他凭借自己的不懈努力,如愿以偿地成为一名特工。

△▲想一想

普京的个人理想和社会理想之间有什么关系?他的个人理想的实现得益于什么?

一方面,社会理想决定和制约着个人理想的实现,个人理想的确立要以社会理想为导向。社会理想是个人理想实现的条件,违背了社会理想,个人理想将很难实现。人是社会中的人,任何个人都不能脱离社会而存在,个人理想不可以按照个人的主观愿望随意决定,个人理想的实现除了主观努力外,更多地取决于他所处的社会环境以及时代条件,从根本上说,个人理想是由社会理想决定的。

另一方面,社会理想以个人理想为基础,个人理想在一定程度上体现着社会理想。社会理想不排斥个人理想,社会理想的实现,还要靠社会成员中每个个体的不懈努力。就社会理想和个人理想的关系而言,社会理想占主导地位,也决定了个人理想的基本方向。任何理想都不能脱离个人的实际情况,而是应该以现实的可能性为依据。

因此,个人理想不能简单地从个人角度出发考虑问题,一定要和社会背景、社会发展、社会理想相结合。社会理想是人们对未来美好社会的向往和追求,在实现社会理想的过程中,个人理想才能得以实现。

(二)树立崇高的职业理想

人生故事

茅以升和桥

茅以升是我国著名的桥梁专家。小时候,他家住南京,秦淮河就在离他家不远的地方。每年端午节的时候秦淮河上都要赛龙舟,茅以升和其他小伙伴一样,每到这时,都盼着看龙舟比赛。

有一年端午节，茅以升生病了不能出门去看赛龙舟，小伙伴们都去看比赛了，茅以升独自躺在床上等着小伙伴们回来给他讲述赛龙舟的盛况。他等啊等，一直等到傍晚时，小伙伴们才回来。茅以升看到小伙伴们回来，兴奋地对他们说："快给我讲讲，今天的场面有多热闹！"小伙伴们个个脸色沉重，老半天才有人说了一句话："秦淮河出事了！""出了什么事？"茅以升大吃一惊。"看热闹的人太多，把河上那座桥压塌了，好多人都掉进了河里！"听到这个消息，茅以升非常难过，他仿佛看到了好多人落水的凄惨场面。

病好了以后，茅以升一个人跑到了秦淮河边，默默地在桥边立下了誓言："我长大一定要做一名桥梁建筑师，把大桥造的结结实实，永远也不倒塌！"从那以后，茅以升格外留心各式各样的桥，经过日积月累，他掌握了好多造桥的知识。经过勤奋学习和刻苦钻研，茅以升成年后实现了自己的理想，成为了一名世界著名的桥梁专家。

△▲想一想

茅以升在少年时期就确立了自己的理想并为之奋斗不息，从他的经历中，你学到了什么？

古今中外，凡是成就一番事业的人，无不是在青少年时期就根据时代的要求和人民的利益，确立了自己的理想并为之努力奋斗。我们中职学生应该怎样树立崇高的职业理想呢？

想要让理想之花开得灿烂，就必须用辛勤的汗水和努力去浇灌它，我们应该从以下几个方面去努力进取。

首先，努力学习，不断提高自身的职业素养。在学习阶段，必须把学习基础文化课程和专业知识相结合，为理想的实现奠定坚实的理论基础。为使自己能在以后的职业领域里有所作为，必须认真学习并积极实践，使自己全面发展，不断提升和完善自己的职业素养。

其次，在实践中积累经验，提高专业技能。熟练掌握专业技能是对中职学生最基本的要求。在学习中，同学们应该积极参加各种教育教学实践活动，抓住一切能利用的时间和机会去参加教学实训及专业实习，在实践中提升自己的专业技能，真正将理论学习与技能操作结合起来，同时把知识转化为能力，满足社会对技能型人才的需求。

最后，要积极把握机遇，适时根据社会情况的发展和变化的需要调整自己的目标。

结合自身实际,处理好升学和就业的关系,协调好个人发展和社会需求的关系,在不断适应社会发展变化的同时实现自己的理想。

二、正确处理理想和现实的关系

有人说:“理想是美好的,现实是无奈的。理想又不能当饭吃,人应该现实一些,所以有没有理想都无所谓。”你赞同这种看法吗?为什么?

哲学故事

破土而出的种子

有一天,父亲递给我了两只装满了泥土的杯子,让我每天给它们浇水。

两周过后,在其中一只杯子的泥土里,长出了两片又细又长的嫩叶,我连忙把这个消息告诉了父亲。

父亲对我说:“你给这两只杯子里的泥土一起浇水,为它们付出的辛劳和汗水是一样的,为什么一只杯子里发芽了,另一只杯子里却什么都没有呢?”

我摇了摇头。父亲接着说:“那是因为我在其中一只杯子里埋入了种子,另一只则没有。”

“这粒种子就好比生命的理想、信念和目标。那个没有种子的杯子永远都不可能发芽,就像生命没有理想、信念和目标,就算付出再多的辛劳和汗水,也不会有收获。”

第二天,父亲又递给我两只装满了泥土的杯子,这次,他要我只给其中的一只杯子里浇水。

两周后,那只浇水的杯子里冒出了新叶,而那只没有浇水的杯子里却依然只有泥土。父亲说:“我在这两只杯子里,分别种下了一粒种子,为什么浇水的杯子里发了芽,而没有浇水的那只却没有呢?”

“那是因为,生命仅有靠理想、信念和目标是不够的,还要为它付出,没有辛勤的劳动,有再好的‘种子’也是徒劳,梦想永远不会成为现实。”

△▲想一想

既然理想并不等同于现实,我们应该怎样处理理想和现实的矛盾呢?

(一)理想与现实的辩证关系

一方面,理想来源于现实。人们在树立理想和实现理想的过程中,往往会感受到理想和现实的矛盾。理想之花只有扎根在现实的土壤里才能生根发芽,因而理想是一定的社会历史条件和社会经济发展水平的产物。

另一方面,理想高于现实,是对现实的超越和升华。理想虽然来源于现实,但是它又高于现实。正因为人们对未来的生活有追求,所以才萌生了理想。在追求理想,为美好的未来生活奋斗的同时,理想会对人们的行为产生巨大的鼓舞和激励作用。当然,理想不是立即可以实现的,不能把理想等同于现实。只有认识到这一点,我们才能避免空谈和幻想,自觉地投身到实现理想的社会实践中去。

因此,理想的实现是对现实的超越,而正是这种超越,使得社会不断进步,个人不断地在进取中得到成长。只有充分认识到理想与现实的辩证统一关系,我们才能更好地树立理想和追求理想,把自己的人生推向一个新高度。

(二)在奋斗中将理想转化为现实

1.坚定信心,永不言弃

在实现理想的过程中,我们会发现,理想总是美好的,而现实总有残酷的一面,理想和现实之间的差距和矛盾是客观存在的。很多人确立了理想以后往往把理想和现实等同起来,当追求理想的道路上遇到一些生活中的假、恶、丑等不合理的现象以及理想和现实的差距后,就会对理想的实现产生动摇和怀疑。于是有些人就会对未来失去信心,悲观失望,有些人则会心生抱怨,随波逐流;有些人甚至彻底对理想失去信心,认为理想是假、大、空的东西,与其花时间和精力去追逐理想,还不如及时享乐,得过且过。这些想法都是不对的,在追逐理想的道路上遇到困难后,我们的态度应该是勇敢地迎难而上,而不是消极应付,半途而废。

知识链接

我有一个梦想

马丁·路德·金

我梦想有一天,这个国家会站立起来,真正实现其信条的真谛:“我们认为真理是不言而喻,人人生而平等。”

我梦想有一天,在佐治亚的红山上,昔日奴隶的儿子将能够和昔日奴隶主的儿子坐在一起,共叙兄弟情谊。

我梦想有一天,甚至连密西西比州这个正义匿迹,压迫成风,如同沙漠般的地方,也将变成自由和正义的绿洲。

我梦想有一天,我的四个孩子将在一个不是以他们的肤色,而是以他们的品格优劣来评价他们的国度里生活。

今天,我有一个梦想。我梦想有一天,亚拉巴马州能够有所转变,尽管该州州长现在仍然满口异议,反对联邦法令,但有朝一日,那里的黑人男孩和女孩将能与白人男孩和女孩情同骨肉,携手并进。

2.艰苦奋斗,实现理想

艰苦奋斗的要求是多方面的,对我们青年学生来说,在日常生活中要提倡艰苦朴素,勤俭节约,反对享乐主义和奢靡之风;在学习上要不畏艰难,刻苦学习和掌握专业基础知识,不断夯实基础;在以后的工作中要自立自强,完成好各项工作任务。总之,只有把艰苦奋斗的精神贯穿在自己人生中的各个方面,才能有所作为。

哲学故事

闻鸡起舞

晋代的祖逖是个胸怀坦荡、具有远大理想和抱负的人。可他小时候却是个不爱读书的淘气孩子。进入青年时代,他意识到自己知识的贫乏,深感不读书无以报效国家,于是就发奋读起书来。他广泛阅读书籍,认真学习历史,从中汲取了丰富的知识,学问长进很大。他曾几次进出京都洛阳,接触过他的人都说,祖逖是个能辅佐帝王治理国家的人才。祖逖24岁的时

候,曾有人推荐他去做官,他没有答应,他觉得自己学识有限,还需要进一步精进,所以仍然坚持不懈地努力读书。

后来,祖逖和幼时的好友刘琨一起担任司州主簿。他与刘琨感情深厚,不仅常常同床而卧,同被而眠,而且还有着共同的远大理想:将来要建功立业,复兴晋国,成为国家的栋梁之材。

一次,半夜里祖逖在睡梦中听到公鸡的鸣叫声,他一脚把刘琨叫醒,对他说:“你听见鸡叫了吗?”刘琨说:“半夜听见鸡叫不吉利。”祖逖说:“我不这样想,咱们干脆以后听见鸡叫就起床练剑如何?”刘琨欣然同意。于是他们每天鸡叫后就起床练剑,剑光飞舞,剑声铿锵。冬去春来,寒来暑往,从不间断。

功夫不负有心人,经过长期的刻苦学习和训练,他们终于成为能文能武的全才,既能写得一手好文章,又能带兵打胜仗。后来祖逖被封为镇西将军,实现了他报效国家的愿望;刘琨做了征北中郎将,兼管并、冀、幽三州的军事,也充分发挥了他的文韬武略。

△▲想一想

祖逖和刘琨实现理想抱负的制胜法宝是什么?想要实现理想,我们应该怎么做?

理想虽在远方,但是起点在脚下,实现理想需要从日常生活和学习中的每一个细节做起。作为中职学生,我们应该充分发挥自己的主观能动性,用积极的态度去面对困难,用奋斗的精神去面对人生,用科学的方法去解决问题,依靠自己的力量去努力创造和不懈追求。为了使理想转化为现实,我们需要付出更多的主观努力去改造现实世界,进而实现理想。

3.脚踏实地,付诸实践

哲学故事

白头翁学艺

很久很久以前,在一片森林里,有一只小鸟。它又聪明又可爱,头上还长着一撮鲜红的羽毛。小鸟其他都好,就是有一个缺点——懒惰。

一天早晨,小鸟听到百灵鸟在枝头唱着歌,它羡慕极了,心想:“如果我有唱歌的本领该有多好啊!”于是便飞去拜百灵鸟为师。百灵鸟说:“你看你长得这么美丽,唱歌也一定会很好听的!”说完,就领着小鸟开始学习唱歌。

学习了三天以后,小鸟就打退堂鼓了。因为百灵鸟老师要求它每天必须早起练嗓音。小鸟照着镜子,看着自己漂亮的羽毛开始抱怨了:“气死我了,可恶的百灵鸟,害得我的嗓子好疼啊!”于是,她偷偷离开了百灵鸟,决心不再学习唱歌了。

又过了一段时间,小鸟看到喜鹊在搭窝,心里很崇拜喜鹊的搭窝技艺,于是它飞到喜鹊身边,小声地问道:“喜鹊阿姨,您能教我搭窝吗?”喜鹊说:“搭窝很累的,要飞到很远的地方去捡树枝、草和泥巴呢!你能行吗?”小鸟心想:如果我在衔树枝的时候嘴巴受伤了,该怎么办?一想到可能会很辛苦,还有可能受伤,它一声没吭,悄悄溜走了。

小鸟四处拜师学艺,可都因为自己没有恒心和毅力半途而废了,最终一事无成。日子一天天地过去了,直到小鸟头上鲜红的羽毛变成了白色,还是没有学到什么本领。其他小动物们都叫它“白头翁”。可是小鸟心里还有两件事没有做,它还想要跟老鹰学习飞行、跟鸬鹚学习打鱼呢!可惜它已经老得动不了了。

后来,为了让大家记住这个教训,它的子孙后代一出生头上就有一撮白羽毛,这就是“白头翁”的故事。

△▲想一想

白头翁有那么多愿望,但为什么最后一个都没有实现?

每个人都有自己的理想,但是要实现自己的理想,必须“行动”。卡耐基曾经说过:“一百个梦想不如一个行动!”在人生历程中,人们都知道应该做哪些事,但是真正去身体力行的人却不多。行动不一定成功,但不行动一定不会成功!成功人士在开始行动时,并不是具备了比别人更好的条件,而是他们在行动中无论经历多少挫折和失败,都义无反顾地向前,渐渐脱颖而出,成为佼佼者。

作为中职学生,我们应该做到知行统一,在学习中不断求知,在实践中不断探索,及时总结追求理想的道路上遇到的成功和失败的经验和教训。只要有坚定的信念和坚强的意志,就一定能在实现理想的道路上越走越远,直至成功。

总之,通往理想的道路不一定是一帆风顺的,要实现理想,我们必须从现在做起,从每一件小事和每一个细节做起,立足现实,脚踏实地,只有这样理想最终才能得以实现。

第十三课　理想信念与意志责任

名人名言

古之立大事者，不惟有超世之才，亦必有坚忍不拔之志。

——苏轼

理想信念是人生的精神支柱，指引着人们前进的方向，为人生价值的实现提供源源不竭的动力和支持。理想的实现，既需要坚定的信念和顽强的毅力，同时又需要坚强的意志和责任感，向着既定的目标拼搏和奋斗。

一、人生发展要有远大的理想

（一）分析自身条件，树立远大理想

古人云："有志者事竟成""志当存高远"，一个人如果没有志向和理想，就谈不上为了理想而奋斗。自古以来，凡是青史留名，千古流芳的英雄人物，都是因为有着崇高而远大的理想，并为之奋斗终生。理想是人生发展的旗帜，既包含着人生发展的目标，又体现着人生的价值。作为中职学校的学生，我们应该客观分析自身条件，结合实际情况和自身优势，为自己树立切实可行的人生理想。

人生故事

难能可贵的"退堂鼓"

她被人们称为"音乐神童",从小就跟着当小学音乐教师的母亲弹钢琴,4岁时就开了人生中第一场独奏音乐会。16岁时,她进入丹佛大学音乐学院学习音乐演奏,梦想着能够成为一名职业钢琴家。她身边的所有人也认为,过不了几年,她一定能够实现理想,成为一名世界知名的音乐家。

可是,出人意料的是,她自己打起了"退堂鼓",开始了崭新梦想的破冰之旅。原来,在著名的阿斯本音乐节上,她受到了前所未有的冲击。

"我碰到了一些只有11岁的孩子,那些我需要练一年才能弹好的曲子,他们只看一眼就能演奏",她说,"我想,在卡耐基大厅演奏恐怕只是我一个遥不可及的梦了。"于是,她开始重新设计自己的未来并发现了新的目标——国际政治。"这一课程真的让我心动。"她说,"这就像爱情……我无法解释,但它的确吸引着我。"她从此转而学习政治学和俄语,并找到了她一生追求的事业。

这个美国女孩名叫康多莉扎·赖斯,2005年,她出任美国国务卿,被媒体称为华盛顿"最有权力的女人"。在美国《福布斯》杂志评出的世界100位最具影响力的女性中,赖斯位列榜首。

△▲想一想

结合上面的故事思考,你的理想和你的专长是吻合的吗?请重新审视你的人生理想,并找到坚持它的理由。

从中等职业学校学生的培养目标来看,要求同学们既要有与所学专业相关的理论知识,还应该具备相应的实践操作能力。因此,在校期间所学习的专业知识和技能是确立人生理想和职业理想的基础。在确立人生理想时,我们应该学以致用或者选择与专业相近的职业作为自己的理想职业,并通过职业人生一步步接近人生理想。一个具有远大理想抱负的人,会以积极的行动去创造未来,反之,则一生只能在碌碌无为中度过。树立远大而崇高的理想,是时代对每一位青年学生的要求。

(二)积极付诸实践,实现人生理想

哲学故事

船桨与人生

有一位老人,专门从事从小岛到大陆的摆渡工作。无论是风霜雨雪还是酷暑寒冬,老人周而复始,从不停歇。

一天,一位细心的乘客发现,在老人的一只桨上,刻着“工作”两个字,而在另外的一只桨上,则刻着“理想”两个字,便向老人问起了缘由。

老人笑了笑回答道:“我给你演示一下看看。”说完,老人放下一只船桨,只用刻着“工作”的那只桨划水,小船在水中转了一圈。然后,老人又拿起刻着“理想”船桨划了起来。小船调了一个方向,在水中又转了一个圈。最后,老人同时拿起“理想”和“工作”两只桨,用力划动,小船迅速向前驶去。老人这时对年轻人说:“划船就如同人生,只有象征着‘理想’和‘工作’的两只桨同时划水,才能顺利地到达彼岸,如果只剩了一只,就只能在原地转圈了。”

△▲想一想

我们身边的很多人都有理想,如果没有实际行动,理想只能是耽于幻想。作为新时代的中职学生,我们应该怎样做才能实现自己的理想?

千里之行,始于足下。只有“从小事做起”“从眼前做起”,脚踏实地,才能逐步接近理想直至实现理想。作为中职学生,我们应该坚定信念,自强不息,刻苦学习,积极钻研,将理论与社会实践相结合,用实际行动去证明自己的价值,用不懈追求的精神去浇开理想之花。鲁迅先生曾说:“伟大的成功和辛勤劳动是成正比例的,有一分劳动就有一分收获,日积月累,从少到多,奇迹就可以创造出来。”只要我们珍惜每一寸光阴,重视每一个细节,立足现实,脚踏实地去奋斗,理想最终会实现。同时,还要有强烈的社会责任感,将个人理想的实现与社会结合起来,做对社会和国家有益的人,为社会的进步和发展做出自己的贡献。

二、实现理想要有坚定的信念

(一)理想与信念的关系

理想和信念既相互联系又相互区别。理想是在遵循历史发展规律的基础上对人生未来发展的设计和想象,是人生的奋斗方向和目标。信念是在一定的认识基础上对某种思想学说和理念所持的坚定不移的观念和坚决执行的态度。

理想体现着一个人的追求和信念,而信念则是实现理想必须具备的主观条件,它为理想提供了支撑和基础。信念一旦形成,就会使人坚定地追求理想目标的实现。在实现理想的过程中,信念是战胜各种困难的支撑力量,没有了信念,理想就会发生动摇。如果理想不能转化为现实行动,就会因为遇到困难或挫折而不能坚持下去,最终难以实现。

人生故事

为真理献身的布鲁诺

布鲁诺是意大利文艺复兴时期伟大的思想家、自然科学家、文学家及哲学家。他对神学家们所宣传的教义持否定态度,勇敢地反对托勒密的地心说,捍卫和发展了哥白尼的日心说,并写了批评《圣经》的文章。

由于布鲁诺的言行触犯了教廷,因此他被革除教籍。但布鲁诺仍然毫不动摇地坚持自己的观点,在天主教会看来,布鲁诺是极端有害的"异端"和十恶不赦的敌人。他们用各种各样卑劣的手段收买布鲁诺的朋友,并将他骗回国,逮捕他之后把他囚禁在宗教裁判所的监狱里。刽子手们的严刑没有让布鲁诺屈服,他说:"为真理而斗争是我人生最大的快乐。"历经8年的残酷折磨,布鲁诺被判为火刑。

1600年2月17日凌晨,布鲁诺被绑在了罗马鲜花广场的刑柱上。他在临死前庄严地向人们宣布:"黑暗即将过去,黎明即将来临,真理终将战胜邪恶!"刽子手用木塞堵上了他的嘴,点燃了烈火,布鲁诺在烈火中英勇就义。

△▲想一想

这是一个很悲壮的故事,你从这个故事中受到了什么启示?

(二)理想信念对人生的作用

理想信念对人生成长有着重要的作用,众多拥有崇高理想的个体是国家和社会得以发展进步的基础,拥有理想信念的人生是充实而幸福的。

1.理想信念指引人生发展的方向

人生故事

以天下为己任

伟大领袖毛泽东在读小学的时候,看过一本《世界英雄豪杰传》。书中介绍了西方一些为自己国家的独立和强大而做出巨大贡献的杰出人物。毛泽东读完这本书后非常钦佩书中华盛顿、林肯、拿破仑等人的杰出贡献和伟大功绩,同时也期盼中国能有类似的大人物来拯救民族的危亡。他感慨地说:"中国也要有这样一些人物,我们每个国民都应当努力啊!"

长大以后,面对灾难深重的祖国,他在诗词里写道:"问苍茫大地,谁主沉浮?"面对列强入侵、军阀割据混战,他感叹:"今日长缨在手,何日缚住苍龙?"他第一次看到世界地图时,就在心里暗暗发誓:我一定要使全世界的人都变得幸福!首先要使全中国人民变幸福、变快活,我将为之奋斗终生!

他曾经给自己起名"子任",寓意为拯救天下万民出水火为己任,他为自己定下了这样的人生志向:以天下为己任,拯民众于水火。后来他又将名字改为"毛泽东"蕴含着惠施东方、恩泽东方。正因为有着以天下为己任的远大志向,毛泽东成为了"伟绩丰功昭万代,德山恩海炳千秋"的历史伟人。

△▲想一想

毛泽东将国家的兴衰和个人的命运紧紧相连成为了一代伟人,我们应当如何向他学习?

人的生命是有限的,要想让有限的生命更有意义,就必须坚定信念,朝着明确的人生目标不懈努力。如果没有崇高的理想和坚定的信念,人生就像大海里找不到方向的航船,看不到充满希望的海岸。因此,在树立理想的同时,还应该坚持刻苦努力,用顽强的毅力去拼搏,以一种不达目的不罢休的信念向困难发起挑战,最终战胜困难,实现理想。

2.理想信念是人生发展的精神支柱

人生故事

飞翔的信念

自古以来,像鸟儿一样在天空飞翔就是人类的梦想。为了实现这个梦想,人们付出了许多努力,许多先驱甚至付出了生命的代价。终于,在1903年12月17日,世界上第一架载人动力飞机在美国北卡罗雷纳州飞上了蓝天。这架飞机的名字叫"飞行者1号",它的发明者是美国的莱特兄弟。

莱特兄弟的飞翔梦想来自童年的一次圣诞节,爸爸送给两兄弟的礼物是飞螺旋,借助橡皮筋的力量,能在空中高高地飞翔。兄弟俩这才相信,在世界上除了鸟儿、蝴蝶之外,人工制造的东西也可以飞上天空。从这以后,在他们心中就萌发了一定要制造出一种能飞上天空的东西的愿望,这个愿望也一直影响着他们。兄弟俩一方面刻苦学习关于飞行的相关理论,一方面努力实践,做各种各样的尝试。在进行了多次小型风洞试验和近千次飞行试验后,终于在1903年制成了用内燃机做动力、用木料做骨架、帆布做机翼的有人驾驶双翼飞机。同年12月17日,莱特兄弟驾驶着自己制作的飞机试飞成功。虽然飞行时间不过59秒,距离只有260米,但作为世界上第一架动力飞机,在航空史上留下了浓墨重彩的一页。莱特兄弟也因此被称为"飞机之父",他们靠着坚定的理想信念实现了渴望已久的梦想,也开启了人类的飞行时代。

△▲想一想

莱特兄弟为什么能为人类的飞行史做出杰出的贡献?我们在实现理想时应该怎么做?

人生发展并非一帆风顺,在实现理想的道路上,可能既有阳光又有阴雨,既有成功又有失败。每个人都有自己的理想和奋斗目标,在实现理想的道路上,会遇到许多的阻力和困难,除此之外还要战胜来自目标以外的诱惑、干扰和自身的惰性。在困难面前,是知难而进、迎难而上,还是知难而退、逃避现实,这是理想信念是否坚定、意志力是否坚强的表现。只有具备了坚定的理想信念,才能在遇到失败和挫折时经得起风雨的洗礼和失败的考验,积极面对艰难险阻,最终实现自己的人生理想。

除此之外，我们还应该树立坚定的信念，要刻苦学习科学知识，对客观世界形成正确的认知；要有炽热的情感，确立了理想目标后主动去身体力行；要有良好的精神状态和行为状态，并保持情绪的相对稳定；要与时俱进，从而在现实不断变化的考验中变得更加完善、更加坚定。我们还要将个人的理想信念与社会和国家联系到一起，做一个有益于社会、有益于国家、有益于人民的人。

三、实现理想要有坚强的意志

意志是人类所特有的心理现象，是人自觉地确定目标并支配行动、克服困难、实现目的的心理状态和能力。在实践活动中，人们不断地克服困难、坚定信心，形成了自己的意志品质。具有坚强的意志是实现理想的主观条件，它使人认准目的坚定不移，不惧压力迎难而上，还可以审时度势把握自己，从而为实现人生理想提供重要保证。

人生故事

头悬梁，锥刺股

东汉时，有一个人叫孙敬，他年少好学，博闻强识而且嗜书如命。由于晚上看书学习常常通宵达旦，邻里们都称他为“闭户先生”。他读书时，常常一直看到后半夜，时间长了，有时不免打起瞌睡来。每次打盹醒来，他都懊悔不已。有一天，他抬头苦思的时候，目光停留在房梁上，顿时眼睛一亮。他找来一根绳子，绳子的一头拴在房梁上，另一头就跟自己的头发拴在一起。这样，每当他累了困了想打瞌睡时，一低头，绳子就会猛地拽一下他的头发，一疼就会惊醒而赶走睡意。从此以后，每天他晚上读书时，都用这种办法发奋苦读。经过年复一年的刻苦努力，孙敬成为了一名饱读诗书，通晓古今的大学问家。

战国时期，有一个人叫苏秦，在年轻时，由于学问不深，到好多地方做事，都不受重视。回家后，家人对他也很冷淡，都瞧不起他。这对他的刺激很大，所以，他决心要发奋读书。他常常读书到深夜，想睡觉时，就拿一把锥子，一打瞌睡就用锥子往大腿上刺一下，再坚持读书。

△▲想一想

学习是一个枯燥又有趣的过程，孙敬和苏秦靠坚强的意志迫使自己坚持学习，不放纵懈怠，当你觉得自己在学习过程中坚持不下去的时候，你是怎样做的？

（一）坚强的意志是通往理想的桥梁

文学巨匠巴尔扎克说过："没有伟大的意志力，就不可能有雄才大略。"科学研究和大量的事实表明，意志对人的身心发展起着非常重要的调节作用。坚强的意志是人们克服困难、获得成功的先决条件。只有具备坚强意志的人，才能坚持不懈地朝着预期的目标而行动。当困难和逆境来临的时候，要敢于和艰难困苦做斗争，努力去争取光明。而缺乏意志或者意志力不坚强的人，往往会在逆境和矛盾中半途而废、怨天尤人。

人生故事

天道酬勤

"终身勤奋，便成天才"，是人生成功的基本定律之一。古今中外好多名人的成功都离不开坚强的意志和勤奋努力，所谓"天道酬勤"，"天道"即上天的意志；"酬"即酬谢，报酬；"勤"即勤奋、敬业。天道酬勤的意思是：上天偏爱勤奋的人，多付出努力一定会有更多的回报。也就是说，成功的机遇垂青于孜孜以求的人。

马克思在大英博物馆看书的时候，他花了40年的时间写成了《资本论》，深刻地揭示了资本主义的本质，同时将书桌底下的地板磨出了深坑。法国文学家福楼拜，小时候智力发展缓慢，和妹妹一起学习时总是急得掉眼泪。可是他立下了誓言，"我一定要超过别人"，此后，他学习更加刻苦用功，经常通宵达旦。日久天长，在塞纳河上航行的船工竟把他窗口的灯光当作航标灯。功夫不负有心人，天资“愚笨”的福楼拜最终成为了法国著名的文学大师。

△▲想一想

马克思和福楼拜的经历告诉了我们一个什么道理？作为中职学生，怎样做才能实现人生理想？

人生发展离不开坚强的意志，实现个人理想亦是如此。人生发展过程是一个不断认识世界和改造世界的过程，纵观历史，凡是能青史留名，大有作为的人，必然具有坚强的意志和百折不挠的精神，正所谓“锲而不舍，金石可镂”，才华的积累和发挥遵循着从“量变”到“质变”的规律，我们青年学生想要有所成就，就需要向着目标不懈努力奋斗。

(二)坚定的信念指引理想前进的方向

在实现个人理想的道路上，我们还应该重视理想和信念的作用。理想是人们对未来美好生活的向往，信念则是在追求理想的过程中表现出来的孜孜以求、不懈奋斗的意志力。理想是信念的载体，在实现理想的征程中，信念是克服各种困难的支撑力量，有了坚定的信念，人们的行为会更加执着和坚决，精神状态和行为状态会更加稳定，会全神贯注、矢志不渝地朝着理想而努力奋斗，从而为理想的实现奠定基础。

哲学故事

愚公移山

太行、王屋两座山，方圆七百里，高七八千丈，本来在冀州南边，黄河北岸的北边。

北山下面有个名叫愚公的人，年纪快到90岁了，在山的正对面居住。他苦于山区北部的阻塞，出来进去都要绕道，就召集全家人商量说：“我跟你们尽力挖平险峻的大山，使道路一直通到豫州南部，到达汉水南岸，好吗？”大家纷纷表示赞同。他的妻子提出疑问说：“凭你的力气，连魁父这座小山都不能削平，能把太行、王屋怎么样呢？再说，往哪儿搁挖下来的土和石头？”众人说：“把它扔到渤海的边上，隐土的北边。”于是愚公率领儿孙中能挑担子的三个人上了山，凿石头，挖土，用箕畚运到渤海边上。邻居京城氏的寡妇有个孤儿，刚七八岁，蹦蹦跳跳地去帮助他。冬夏换季，才能往返一次。

河湾上的智叟讥笑愚公，阻止他干这件事，说："你简直太愚蠢了！就凭你残余的岁月、剩下的力气连山上的一棵草都动不了，又能把泥土石头怎么样呢？"北山愚公长叹说："你的心真顽固，顽固得没法开窍，连孤儿寡妇都比不上。即使我死了，还有儿子在呀；儿子又生孙子，孙子又生儿子；儿子又有儿子，儿子又有孙子；子子孙孙无穷无尽，可是山却不会增高加大，还怕挖不平吗？"河曲智叟无话可答。

握着蛇的山神听说了这件事，怕他没完没了地挖下去，向天帝报告了。天帝被愚公的诚心感动，命令大力神夸娥氏的两个儿子背走了那两座山，一座放在朔方的东部，一座放在雍州的南部。从此以后，冀州的南部直到汉水南岸，再也没有高山阻隔了。

△▲想一想

在愚公移山的过程中意志和信念起到了什么作用？

坚强的意志和坚定的信念是一种重要的心理品质，也是实现理想、迎接挑战的重要保证。我们中职学生要在日常的学习生活和社会实践中养成不怕脏、不怕累、不怕苦，迎难而上的习惯，从点滴小事做起，培养恒心和毅力。同时克制和纠正一些不好的行为习惯，在严格要求自己的过程中磨炼坚强的意志。

四、实现理想要敢于担当

人生既要有远大的理想和抱负，同时更要有高度的责任心。勇于担当责任，是实现理想的必要条件。没有责任感，理想的实现就无从谈起。社会责任感是在社会实践过程中逐步形成的，是一个人的世界观、人生观和价值观在社会中的具体体现。一个敢于对自己负责、对家庭负责、对社会负责的人才能实现自己的理想，才能获得人生的成功。

人生故事

改写人生的报告

李开复是一位信息产业的经理人、创业者和电脑科学的研究者,早年曾在苹果公司做技术方面的工作。有一段时间由于公司的状况不景气,员工们都表现出人心涣散、士气低落的消极状态。李开复并没有和其他员工一样去消极面对公司面临的困境,相反地,他积极开展调查,发现苹果公司之所以遇到发展瓶颈,是因为公司缺少用户界面设计领域的专家,因而生产出来的软件产品不能很好地被用户接受。

于是,李开复写了一份报告提交给了公司的高层。好几位公司的副总裁看到这份报告后都专门针对它进行了讨论。最后,公司决定采纳李开复的意见,他也顺理成章地成为了这个部门的总监。后来,李开复遇到了当年的上司,他高度评价了李开复当时写的报告。他说如果没有报告,苹果公司可能会错过在多媒体方面发展的机遇。而正是这份报告,在成就了苹果公司的成功的同时,也给予了李开复发展的机遇和成就。

△▲想一想

李开复事业的成功得益于什么?

(一)个人发展与社会责任

理想的实现与个人承担的社会责任有着密切的联系。责任是外在的义务要求和自我担当的结合,侧重于人的自觉意识。每一个人都应该懂得自我约束、自我监督及承担自己的言行举止造成的结果。一个有崇高理想的人,同时也应当是一个高度负责的人。

知识链接

梁启超先生在《少年中国说》一文中说道:“今日之责任,不在他人,而全在我少年。少年智则国智,少年富则国富,少年强则国强,少年独立则国独立,少年自由则国自由,少年进步则国进步,少年胜于欧洲,则国胜于欧洲,少年雄于地球则国雄于地球。”如此激昂的文字,道出了青年一代对国家的意义,更道出了青年一代应当承担起的国家富强、民族振兴的社会责任。今天的中国,虽然已经不再是千疮百孔、满目疮痍,但这并不意味着当代青年不需要社会责任感。一个民族想要永远进步,一个国家想要屹立于世界民族之林,就需要青年一辈志存高远,担当起自己的社会责任。

一个人的人生价值不仅在于个人的发展,更重要的是要为社会和他人尽自己的责任,做出应有的贡献。社会是由个人组成的,社会的发展是每个社会成员努力的结果,社会的发展离不开每个人对社会的责任和奉献。同时,承担社会责任是作为公民应尽的义务。社会责任感的形成离不开责任认知、责任情感和责任实践。在思考和实践的过程中,我们不应该做旁观者,而应当树立主人翁意识,努力做好本职工作,为社会做贡献。

人生故事

三位航天英雄的感言

"神舟七号"航天飞船在遨游太空成功返回后,三位航天英雄在与香港中小学生座谈时,发表了如下感言。

航天英雄翟志刚动情地说:"我有幸能成为中国飞得最高、走得最快的人。我深深地感受到:是科技的伟大、祖国的伟大才能把中国人的足迹留在太空,是祖国的伟大成就了载人航天事业的辉煌,我为我的祖国而感到骄傲!"

航天英雄刘伯明说:"我们经受住了考验,克服了种种困难,才最终圆满完成了祖国和人民赋予的光荣使命。人生因奋斗而精彩,事业因艰巨而辉煌。我希望同学们能把聪明才智贡献到祖国的载人航天事业中来,为中华民族的伟大复兴而努力奋斗!"

航天英雄景海鹏说:"是时代和所有航天工作者为我们铺就了飞天之路,是祖国和人民托起了我们,把我们送入蔚蓝的太空。荣誉属于祖国和人民,属于所有华夏儿女,属于所有的航天人。我们愿意与同学们一道,为祖国的繁荣富强、为祖国的更加美好付出更大的努力!"

△▲想一想

在人生发展的道路上应该怎样处理个人发展与社会责任的关系?

个人的发展离不开社会,每个个体都应该对社会履行相应的责任,这也是每个公民应尽的义务。责任指人分内应做之事,也就是承担应当承担的任务。人们不仅要对自己负责,还要对家庭负责,对将来的职业负责,尤其要对国家和社会负责。只有这样,才能实现自己的人生理想,取得人生的成功。责任不应该是压弯人们脊梁的重担,更不是阻碍人们前进的绊脚石,而是一个人成长的动力。如果对工作不能尽职尽责,遇事推脱,就不可能得到锻炼和长进。责任是有价值的,多承担一分责任,多一分付出,就会收获更多的认可和回报。

(二)培养社会责任感

人生故事

吴斌和生命中的最后一分钟

吴斌是杭州长运客运公司的一名客车司机,2012年5月29日,吴斌驾驶客车从无锡返回杭州的途中,一块从空中飞落的铁块迎面击碎车辆前挡风玻璃后,击中其腹部和手臂,导致肝脏破裂及肋骨多处骨折,肺、肠挫伤。在危急关头,吴斌强忍剧痛将车辆缓缓靠边停好,拉上手刹、开启双闪灯,完成一系列完整的安全停车措施后,又以惊人的毅力,从驾驶室艰难地站起来,告知车上旅客注意安全,然后打开车门,安全疏散旅客,最终成功挽救了24名乘客的生命。车上的乘客韩先生说,面对突如其来的致命打击,在那么痛苦的情况下,吴斌还坚持把车停好,值得敬佩。若不是他的敬业,很可能全车人都性命不保。而吴斌却因伤势过重,经医院抢救无效,于2012年6月1日凌晨3时45分去世。吴斌同志的事迹感人至深,短短一分多钟时间里,凝聚了他对人民的热爱和对事业的忠诚。

△▲想一想

吴斌在危急关头舍己为人、敢于担当的品质是偶然表现出来的还是在生活中长期铸就的?

作为中职学生,我们首先应该勇于承担社会责任,在日常生活中培养良好的生活习惯和健全的人格。"从小事做起""从眼前做起",不断提高自我评价、自我体验及自我负责的能力,养成自觉遵守纪律的习惯,严格要求自己,加强自身的道德修养。努力使自己的社会责任观念转化为发自内心的自觉行为，形成正确的责任动机，有效地促进社会责任感的形成。

同时，要积极参加与所学专业相关的社会实践活动，在实践中磨炼自己的意志，学会合作和竞争，积极应对挫折和挑战，提升适应社会的能力。社会实践是青年人磨炼意志、砥砺品格的有效方式。我们应该在学习专业知识的同时走出校园、深入社会，在实践中了解社会，认识国情，加深对书本知识的理解和体会，通过接触社会正确把握社会现象、社会发展的本质和主流，使自己的社会责任感得到强化和升华。

另外，在学好专业基础知识的同时还应该时刻关心国家的发展，树立“国家兴亡，匹夫有责”的责任感，切实履行对社会、民族、对人类的责任和义务，顺利实现由“自然人”到“社会人”的转变，把自己的抱负和理想与祖国的强大和复兴结合起来，承担起伟大的历史责任，用自己的实际行动为实现民族复兴、国家富强、人民幸福的中国梦做贡献！

第四单元　练习题

一、选择题

1.“仓廪实而知礼节,衣食足而知荣辱。”这句话揭示了一个道理　(　　)

A.物质资料的生产包括物质产品和精神产品生产

B.物质资料生产的发展必然提高人们的道德水平

C.物质资料的生产是人类社会存在和发展的基础

D.社会的生产关系就是社会的道德关系

2.人类社会的基本矛盾是　(　　)

A.人与自然界之间的矛盾

B.人与人之间的社会矛盾

C.先进与落后、开拓进取与因循守旧之间的矛盾

D.生产力与生产关系、经济基础与上层建筑之间的矛盾

3.马克思根据生产关系的不同性质,把人类历史划分为依次更替的四种社会形态,下列各项属于这四种社会形态的有　(　　)

①奴隶社会　②封建社会　③资本主义社会　④社会主义社会　⑤信息社会

A.①②③④　　B.①③④⑤　　C.②③④⑤　　D.①②④⑤

4.判断一种生产关系是否先进的根本标志是　(　　)

A.生产资料公有制还是生产资料私有制

B.促进生产力发展还是阻碍生产力发展

C.社会化大生产还是个体小生产

D.封闭的自然经济还是市场经济

5.理想是一定的社会历史条件和社会各种关系的产物,不可能脱离当时的时代。这是因为　(　　)

A.理想是社会意识

B.理想就是现实

C.理想来源于现实

D.理想转化为现实

6.理想转化为现实需要多方面的条件,其中特别重要的是 ( )

A.理想必须植根于现实之中

B.艰苦奋斗

C.理想必须具有科学性

D.理想必须是崇高的

7.历史上有孟母三迁的故事,现实生活中人们学习、工作都想找个好学校、好单位。这是因为 ( )

A.人都是在一定的社会环境中生活的

B.人的活动受一定社会条件的制约

C.环境的好坏是个人成长的关键因素

D.人是社会人

8.大仲马说:"人生是一串无数的小烦恼组成的念珠,乐观的人总是笑着数完这串念珠。"这句名言告诉我们 ( )

A.挫折与人生相伴,是人生的一部分

B.挫折是多方面因素造成的

C.有的人有挫折,有的人一生顺利

D.人的一生只有挫折,没有顺利

9.《西游记》中,唐僧师徒四人去西天取经,经历了九九八十一难,最后终于取到了真经。这说明 ( )

A.困难和挫折都是别人有意制造的,自己并不知道

B.困难和挫折越多越好

C.面对困难和挫折要有坚强的意志和坚定的信念

D.应该绕开挫折和困难

10.积极参与社会公益活动,可以使我们 ( )

①承担起对社会的责任 ②帮助他人 ③自身价值在奉献中得以提升

④提高实践能力,增加社会经验 ⑤付出得多,得不到任何收入

A.①⑤ B.①②⑤ C.①②③ D.①②③④

11.一个人全部理想的归宿和基础是 ( )

A.职业理想 B.科学理想

C.社会理想 D.道德理想

12.理想源于现实,指的是 ( )

A.今天的理想是对历史的概括和总结

B.理想是架起昨天和明天的桥梁

C.理想是时代的产物,是人们不满足于现实的反映

D.理想在一定条件下可以转化为现实

13. 下列关于人类社会的发展叙述正确的是 ( )

A.是盲目的、自发的

B.是有规律的

C.是由少数英雄人物决定的

D.是由人的意识决定的

14. 支配人类社会发展的基本规律是 ( )

A.阶级斗争规律

B.价值规律

C.商品经济规律

D.生产关系一定要适应生产力状况的规律,上层建筑一定要适合经济基础状况的规律

15. 马克思说:“手推磨产生的是封建主社会,蒸汽磨产生的是工业资本家社会。”这句话主要说明 ( )

A.物质资料生产方式是社会存在和发展的基础

B.生产力决定生产关系,生产关系一定要适应生产力的发展

C.生产关系决定生产力,生产力一定要适应生产关系的发展

D.上层建筑一定要适应经济基础状况

二、问答题

1. 请利用历史唯物主义的观点简单说明人生目标的确立为什么要符合社会发展规律?

2. 理想与现实的关系是什么?

三、论述题

材料一 2003年春,“非典”疫情在北京爆发,有些在京的外地大学生不顾要求返回了老家,有些“非典”疑似病例的人坐火车或坐飞机偷偷地跑回家……

材料二 一位公交司机在行车途中突然心脏病发作,在生命的最后一分钟里,他做了三件事:把车缓缓停在路边,并用生命的最后力气拉下了手动刹车闸;把车门打开,让所有乘客安全地下了车;将发动机熄火,确保了车和乘客的安全。之后,他趴在方向盘上停止了呼吸。

(1)以上两段材料分别说明了什么问题?

(2)请你结合材料分析负责与否所带来的结果有什么不同?

第五单元

在社会中发展自我
创造人生价值

导语》

个人的成长离不开社会，一个人的价值只有在劳动和奉献中才能得以实现。作为中职学生，我们应该如何正确处理个人与社会、奉献与索取、个性自由和全面发展的关系？这就要求我们站在历史唯物主义的角度上去探索人的本质，明确个人全面发展和社会进步的辩证关系，将自己融入社会，在社会中发展自我，创造人生价值。

第十四课　人的本质与利己利他

名人名言

生，我所欲也；义亦我所欲也。二者不可得兼，舍生而取义者也。

——《孟子·告子上》

自古以来，人的本性、人与社会的关系，是哲学家和思想家们思索的主要问题。《三字经》的首句为："人之初，性本善"。马克思则认为："人的本质，从其现实性上讲，是一切社会关系的总和。"我们究竟该怎么认识人的本质属性？又该怎样处理人与社会的关系？这些问题既是困扰哲学家们的问题，也是我们每一个人应该思考的问题。

知识链接

性善论与性恶论

"人之初，性本善，性相近，习相远。"这是《三字经》的首句，其中"性相近，习相远"是孔子的原话。孔子没有明确地论述人性善恶的问题，只是说人性先天是相近的，后天就相差较远。

之后孟子则明确地提出"性善论"，他说道："人皆有不忍人之心。先王有不忍人之心，斯有不忍人之政也。以不忍人之心，行不忍人之政，治天下可运与掌上。所以谓人皆有不忍人之心者，今人乍见孺子将入于井，皆有怵惕恻隐之心。非所以内交于孺子之父母也，非所以要誉于乡党朋友也，非恶其声而然也。"(《孟子·公孙丑上》)这里他说到了人的"不忍人之心"，认为人天生具有善的本质，这是人异于禽兽的本质特征。

既然人的本性是善的，那么生活中的恶是怎么来的呢？

儒家的另一位代表人物荀子与孟子针锋相对，主张"性恶论"。他说道："今人之性，生而有好利焉，顺是，故争生而辞让亡焉。生而有疾恶焉，顺是，故残贼生而忠信亡焉。生而有耳目之欲，有好声色焉，顺是，故淫乱生而礼义文理亡焉。然则从人之性，顺人之情,必出乎争夺,合于犯分乱理而归于暴。"(《荀子·性恶》)荀子认为,人性不是先天就具有的,而是后天长期的教化和学习而形成的一种品格。只有转化人的恶的本性,使之符合道德规范,才可以使人向善。

一、人的本质具有社会历史性

人的本质问题被历史上的哲学家和思想家争论了几千年,我们要认识客观世界,就必须先从认识人类自身开始。

哲学故事

柏拉图的鹅

有一次,有学生问他的老师柏拉图:"人是什么?"柏拉图思索了一会把人定义为"没有羽毛的两足动物"。他的学生回到家,看到院子里昂首阔步行走的鹅,记起了老师说过的"人"的定义,灵机一动,扒光了鹅身上的羽毛,拿到了老师柏拉图的面前说:"大家都来看吧,这就是老师说的'人'!"柏拉图见状,羞得哑口无言。从此以后,人就有了一个绰号叫"柏拉图的鹅"。

△▲想一想

想一想:柏拉图为什么会犯这样的错误?究竟该如何给"人"下定义?

柏拉图的理论虽然遭到了人们的嘲讽,但是他思考问题的方式是正确的。因为人不同于动物之处,就是哲学家们思考人的问题的重心。除了柏拉图关于人的定义,还有很多哲学家给出了不同的答案。比如,古希腊哲学家苏格拉底认为:"人是理性的动物",亚里士多德认为:"人是政治的动物",拉美特利又说"人是机器"。马克思有关"人是什么"的问题做了这样的回答:"人的本质,不是单个人所固有的抽象物,在其现实性上,是一切社会关系的总和"。人具有多种多样的属性,比如,人有欲望,会思考,能制造工具,能从事生产劳动等,概括起来讲,人的属性可以分为两大类,即自然属性和社会属性。马克思主义认为,要揭示人的本质,首先要了解人所具有的自然属性和社会属性,明确人与动物的联系和区别。

(一)自然属性是人生存和发展的生理基础

人的自然属性是指人在生物学方面的特征,即人所具有的类似于动物的生理结构和本能,它是人类赖以生存和延续的前提条件。人的自然属性主要表现在:首先,人是自然界的一部分,人的生产和生活离不开自然界。其次,人在自然界中生存和发展,总是受到自然规律的制约。最后,人与其他动物一样,具有一些自然欲求,如食欲、性欲、求生欲等。人的自然属性与动物的自然属性不同,人的自然属性不是纯粹的生物本能,而是打上了社会关系烙印的自然属性。

(二)社会属性是人的本质属性

人的社会属性是人的本质属性,指人在社会生活方面的特点,是人和动物最本质的区别。

人生故事

狼孩姐妹

1920年,印度人辛格在加尔各答附近的一个山村的狼窝里发现了两个狼孩,小的2岁,带回不久就死去了。大的约8岁,女孩,取名卡马拉。由于卡马拉自幼长在狼窝里,在回到人类社会后相当长的时间里,仍然很难改变狼的习性。她怕强光,只吃肉,夜里像狼一样嚎叫,用四肢爬行。

经过辛格的悉心照料和教育,她在两年后才学会站立,6年后才学会行走,7年后才学会了45个词语,到了17岁临死时,其智力水平才相当于4岁的正常儿童。这说明,一个人一旦脱离了人类社会,失去了人类社会的生活条件和环境,其人性也会随之消失。

△▲想一想

结合这个事例,谈谈你对人的本质具有社会历史性的理解。

人的社会属性主要表现在以下几个方面。

1. 人是社会的产物

马克思主义哲学认为,人不是神或上帝创造的,人是社会的产物,是由类人猿进化而来的,劳动在人和人类社会的形成中起到了决定性的作用,劳动创造了人本身。

2. 人的生产活动具有社会性

人们为了维持生存和发展，需要不断地从事物质资料的生产活动，而进行生产活动又需要在一定的社会关系中进行。生产活动伴随着社会的发展而发展，人们在生产、分配、交换和消费活动中结成了社会关系，人的社会属性也在生产活动中得到了体现。

3. 人的生活具有社会性

人的生活既依赖于自然界，又依赖于社会。任何人都不能脱离自然界和人类社会而孤立地存在。个人只有在与他人的结合中才能保证自己的存在，只有在一定的社会关系中去参与社会生活，才能满足自身的物质生活和精神生活等多方面的需求。马克思曾形象地指出，人既是历史的“剧中人”，又是历史的“剧作者”。人在历史中具有双重身份，人是历史的“剧作者”，说明人是历史的创造者，体现了人的主观能动性；人是历史的“剧中人”，表明人需要借助历史这个舞台和剧本。它既为人提供活动的场所，同时现有的生产力发展水平以及人与人之间的关系，又限制和制约了人的活动。每个人生活在世界上都会与身边的人和环境发生千丝万缕的联系，因此，在社会生活中我们需要正确处理人与人、人与社会之间的关系。

总之，人是自然属性和社会属性的统一，人的社会属性制约着人的自然属性，同时也是人区别于动物的特殊本质。

二、正确处理个人与社会的关系

人的一生就是在社会中生活和实践的一生。在人生中须要回答和处理的问题很多，其中个人和社会的关系，是人生中首先要回答的问题，对这个问题的不同回答，关系到人们对人生的根本看法和态度，是区分不同人生观的标志。

马克思主义认为，个人和社会之间是辩证统一的关系。一方面，个人和社会之间是相互依存、密不可分的，个人离不开社会。社会为个人的发展提供了物质生活和精神生活所必需的消费资料，还为个人的发展提供了条件和平台。社会是由个人组成的，社会的物质财富和精神财富是由千千万万个个人创造出来的，社会的文明和进步离不开每个个体的努力和付出。另一方面，个人和社会相互区别，个人是社会的一分子。个人和社会相比较而言，社会是个人发展的基础，个人与社会的关系是人生发展中需要面对的基本关系。要想处理好个人与社会之间的关系，我们需要从以下几个方面去不懈努力。

（一）正视自己，尊重自己的价值

每一个生命体的存在都是生命的奇迹，每个人都是社会的主人，所以我们有义务也有权利为自己的生命增光添彩。我们应该认真地分析自身条件，发挥自己的长处和优势，争取在有限的生命历程里创造更多的价值。同时，还应该客观地面对自身的缺点和不足，扬长避短，发愤图强，在创造自身价值的同时推动社会的进步。

要真正了解自己，首先需要做的是客观地审视自己，换位思考，从评判自身的角度对自己的学识能力、人格品质等方面进行合理的分析，不能好高骛远、妄自尊大。此外还要不断完善自我，要清楚尺有所短，寸有所长，有则改之，无则加勉，准确定位自己的人生坐标。

哲学故事

谁最伟大

有一只从屋里爬出来的小老鼠，当它抬头看到天空中普照大地、光芒四射的太阳时，由衷地感叹道："太阳太阳，你真是世界上最伟大的！"

太阳说："可是当乌云出来的时候，你就看不见我了。"

果然，过了一会，乌云出来了，把耀眼的太阳遮得严严实实。

看到这里，小老鼠又对乌云说："乌云乌云，你真是伟大，能够挡住这么强烈的太阳的光芒。"

乌云却说："等风一来，你就知道，我并不是最伟大的了。"

这时，一阵狂风吹过，乌云消散了，顿时晴空万里。

小老鼠情不自禁地说："风啊，原来你才是世界上最伟大的！"

风摇了摇头说道："我倒是很有力量，可是我前面立着的那堵墙，我怎么吹都吹不倒啊！"

小老鼠爬到墙边，对着墙满脸崇拜地说："墙啊，你比风还厉害，你才是世界上最伟大的！"

墙皱皱眉，哭丧着脸说："你们老鼠才是最伟大的呀，你看看我，我马上要倒了，就是因为你的兄弟们在我脚下钻出了许多洞啊！"

果真，墙摇摇欲坠，墙角下跑出了许多小老鼠。

△▲想一想

这个故事中，谁才是最伟大的？我们应该怎样正确地认识自己呢？

现实生活中,完美无缺的人是不存在的,所以我们应该全面、客观地认识自己,清醒、客观地认识自身的优势和劣势,在真正认清自己之后踏踏实实做事,更好地走向成功。狂妄和自卑都源于人们不能正确认识自己,许多人对自己的能力大小、适合做什么工作没有明确的认识。有的人事业获得了成功,就认为自己很了不起,天底下没有他做不了的事情;有些人事业失败受到挫折就会灰心丧气、自暴自弃,这都是不能正视自己导致的。

在当今社会中,人们面临着日益激烈的竞争和挑战,在这种社会大背景下,一个人对自己的认识程度,对其自身的发展有着重要的影响。我们应该善待自己,尊重自己的价值,不畏人言,集中自己的全部智慧和能量,全力以赴做好自己应该做的事。无论何时,我们都应该清醒地认识到,别人如何看待你并不重要,重要的是你要正确地看待你自己。

(二)正确处理利己与利他的关系

知识链接

所谓利己,是指人们在一定范围内,维护自己的利益,其行为叫作利己行为。所谓利他,是指人们在一定界限内维护他人的利益,其行为叫作利他行为。处理好利己和利他的关系,是人生中的一个重要课题。利己和利他关系的层次性表现在以下几方面。

一、大公无私。这里的无私并不是不维护个人利益和不要个人利益,而是反对利己主义和自私自利,反对损人利己和损公肥私,要求人们做到公正无邪。

二、先人后己和先公后私。即优先考虑公家的利益和他人的利益,并坚持自利和利人、利己和利公相一致的行为选择。

三、先己后人、先私后公。这是比较低层次的选择。

四、损人利己和损公肥私。这是一种不道德的选择,为古今所共谴。

一个人生活在世界上,必然要与社会中的其他人发生联系,这也就意味着,人们在获取衣、食、住、行等基本生活资料时,必须处理好个人和社会的关系。在社会生活中,每个人利益的实现都离不开他人,个人利益和他人利益是不能割裂的统一体,一个人要想发展,就必须为他人和社会做贡献。因此,我们在实现个人利益时,也要兼顾他人的利益,坚决不能以损害他人利益为前提,实现个人利益。

人生故事

桐城“六尺巷”

张英，康熙年间文华殿大学士，后官至礼部尚书。在京城做官的时候，他家人在桐城建府邸时因为三尺宅基地和邻居互不相让，最后还打起了官司。张家总管连忙送信给张英，盼望他能给县令写信，利用职权打赢这场官司。张英收到家书后，提笔赋诗一首寄回：

千里求书为道墙，让他三尺又何妨。

长城万里今犹在，谁见当年秦始皇？

总管收到信后，深深领会了张英的用意，也被主人豁达明理、和睦礼让的胸襟所折服，立即把宅基地让出了三尺地。邻居见张家退让三尺，也随即退后了三尺。于是，两家院墙之间便有了一条宽六尺的巷子，六尺巷，也因此而得名。

△▲想一想

我们在现实生活中应该怎样处理利己与利他的关系？

利己与利他有时候不可兼得，但从长远看又是统一的。

首先，要关心和保护个人利益。个人利益是自身生存和发展的需要，没有个人利益的实现，个人不仅无法生存，更谈不上发展。当然，要分清正当的个人合法利益。比如，农民通过辛苦劳动获得的收入，工人和国家公职人员通过认真工作取得的工资报酬，知识分子和科研人员通过写作和做科学研究取得的报酬，个体工商业者通过诚实劳动、合法经营获得的收入等等，这些都是正当的个人利益，都要受到肯定和保护。反之，如果不是通过自己的诚实劳动或不是社会认可的途径和方法而获得的个人利益，不能被视为个人正当利益，必须加以否定。

作为中职学生，我们踏入社会以后应该在国家政策和法律允许的前提下，尊重自己的价值，相信自己的能力，努力实现个人利益，在不损害他人利益的条件下，追求个人利益最大化，促进人的全面发展。

其次，要关爱他人，服务社会。推动社会进步和获得个人幸福不可能仅靠自己，还要靠社会中每一个人的力量去实现。作为社会中的个人，仅仅关心和保护个人利益是不行的，还需要关爱他人。每个人都是有价值的，每一个生命都是珍贵的，人们在爱自己、爱家人、爱朋友的同时，也应该去关爱需要帮助的人。用爱心架起个人与社会的桥梁，积极地服务社会，在为他人和社会做贡献的过程中实现自我的发展。

人生故事

"代理爸爸——丛飞"

丛飞生前曾是深圳著名歌手，每场出场费近万元。在常人眼里，他应该是一个腰缠万贯的明星。可是他去世时，人们看到的真实情况却是家里一贫如洗，没有积蓄，甚至没有电冰箱。也许有人会问，他那么高的收入，钱去哪儿了呢？实际上，他的收入，几乎全部用来捐助那些来自贫困山区即将辍学的儿童。

他是一个女儿的爸爸，同时，还是178名贫困孩子的"代理爸爸"，负担这些孩子的生活及读书费用。在10年的时间里，他参加了400多场义演，捐赠钱物近300万元。当他身患晚期胃癌时，却连医药费都负担不起。2006年4月20日，丛飞因病医治无效去世。37岁的丛飞生前立下遗嘱，去世后捐赠眼角膜，以帮助有需要的患者重见光明。他最后的爱心之举，将光明和爱心永远长留人间。

△▲想一想

在生活中你有没有帮助和关爱过他人，丛飞的事例对你有什么启示？

最后，要反对损人利己。每个人都有争取自身正当利益的权利，但个人利益的实现不能以侵占、损害他人的正当利益为手段。如果只顾追求个人利益而侵犯他人的利益，最终既损人又害己。社会整体利益的发展是个人利益实现的前提，在必要时，应该对个人利益加以节制或者做出必要的牺牲。除此之外，还应该反对个人主义。

个人主义是以个人为中心，为了满足个人私欲不惜损害他人和社会利益的思想意识形态。从出发点来看，个人主义以个人为中心，片面地强调个人和家庭的利益而不顾他人、集体和社会的利益。个性解放和个性自由是个人主义追求的唯一价值目标，这种只顾个人而不顾他人和社会的生存原则，会对人的思想产生极大的腐蚀性。

自古以来，包容忍让，宽容待人是人与人相处时的美德，但是到了现代，能真正做到的人也不是很多。尤其是涉及自身利益的时候，有些人只顾自己眼前的利益，完全将他人利益置之脑后。如果一个人一生只为追求和满足个人利益，甚至因此损害他人和社会的利益，那么他的人生价值必然是很小的，甚至是负数。因此，我们除了满足和实现个人的人生目标，还应该力所能及地为他人和社会做出应有的贡献，在现实生活中正确处理利己利他的关系，实现互利共赢。

（三）正确处理公与私、义与利的关系

在现实生活中，我们还要正确处理公与私、义与利的关系。

一方面，要正视个人的正当利益，满足个人合理的需求；另一方面，当公与私的利益发生矛盾的时候，要处理好个人与集体，局部与全局的关系，不能只顾个人利益的实现，忽略了集体利益，甚至为了实现个人利益而以损害集体利益为前提。要处理好公与私、义与利的关系，首先必须了解个人与集体之间的关系。

1. 个人与集体的关系

哲学故事

得救的蚂蚁群

一群蚂蚁被野火包围了，火圈在迅速地缩小，黑压压的蚁群瞬间将葬身火海。这时，蚂蚁群很快地聚集在一起，形成了一个巨大的蚂蚁军团，并顺着地势向小河的方向滚去。熊熊的烈火烧焦了外围的蚂蚁，蚂蚁身体不断发出爆裂的声音。但烧焦的蚂蚁一点儿也没有松动，迅速地滚过了火区，齐心协力的蚂蚁群得救了。

△▲想一想

面对熊熊的烈火，弱小的蚂蚁为什么能够得救？这说明了什么道理？

一滴水只有融入大海才不会干涸，而这也是个人和集体关系的印证。美国著名的心理学家英格曾就个人和集体的关系给出了一个著名的公式：“我＋我们＝完整的我（I＋We＝Fully I）”，只有将个人融入集体中，才能最大限度地实现个人价值，开创出完美的人生。集体和个人是相互依存的，只有集体存在和发展了，个人利益才能够实现。

一方面,个人依赖于集体。集体是个人生存和发展的坚实后盾,集体为个人的发展提供了空间和舞台,只有集体利益得到巩固,个人利益才有实现的可能。个人如果脱离了集体,就如同水滴离开了大海,不仅无法继续生存,更谈不上进一步地发展。

另一方面,个人是组成集体的细胞,集体的发展壮大离不开个人的付出和努力。一个积极、向上的集体,需要集体所有成员的共同维护。离开了每个成员的付出,集体的存在和发展就会成为空谈。

2.树立正确的义利观

"义"指适宜、恰当的行为,亦指思想和行为符合一定的行为准则和规范。"利",指利益、功利,主要指物质利益。义与利既统一又对立,这两者的关系主要包括两个层面:一是物质追求和精神追求的关系,二是社会公共利益和个人私利的关系。

知识链接

诗人臧克家在《有的人》这首诗中写道:"有的人,俯下身子给人民当牛马……情愿做野草,等着地下的火燃烧……有的人,他活着别人就不能活……骑在人民头上的,人民把他摔垮;给人民做牛马的,人民永远记住他"。诗歌里热情地赞扬了鲁迅先生"俯首甘为孺子牛"的伟大精神,也深刻地揭示了为人民付出的人,永远活在人们心中,而与人民为敌,骑在人民头上作威作福的人,就如同行尸走肉一般的道理。

从古至今,历代先贤们都提倡"重义轻利"的思想,在"利"和"义"不能兼得的时候,我们究竟该如何取舍呢?

人生故事

白求恩精神

诺尔曼·白求恩(1890—1939),加拿大共产党员,著名的胸外科医生,伟大的国际共产主义战士。1937年抗日战争爆发,为了帮助中国人民的抗日战争,他于1938年初率领加拿大和美国医疗队来中国,3月底到达延安。他带着战地医疗队转战多个战场,冒着枪林弹雨,在极端恶劣和艰苦的环境下抢救了成千上万的伤病员。除此之外还为部队培养了一大批医疗工作者,为中华民族的解放事业做出了巨大的贡献。

白求恩工作极端负责，对同志和人民极端热忱，用行动赢得了根据地人民的尊敬和爱戴。在一次为伤病员施行紧急手术的过程中，不幸受感染，于1939年11月12日在河北省唐县逝世。

毛泽东得知白求恩牺牲的消息后，非常悲痛。他撰写了《纪念白求恩》一文，高度赞扬了白求恩的共产主义、国际主义和大公无私精神，号召每个共产党员都要向他学习："我们大家要学习他毫无自私自利之心的精神，从这点出发，就可以变为大有利于人民的人。一个人的能力有大小，但是只要有这点精神，就是一个高尚的人，一个纯粹的人，一个有道德的人，一个脱离了低级趣味的人，一个有益于人民的人。"

△▲想一想

毛泽东评价白求恩"毫无自私自利之心"，也就是说他在个人得失和人民利益之间，义无反顾地选择了后者。作为中职学生，我们应该如何向他学习？

首先，不能把"利"当作一切活动的原则和出发点，不能将拜金主义、金钱至上等思想作为自己行动的指南。我们应该清醒地认识到，金钱和利益不是衡量一切行为和价值的标准。

其次，不能完全抛开个人利益去追求"义"。在不损害国家、集体、他人利益的前提下，通过正当途径和合法手段获得的个人利益是正当的"利"，应该积极去争取。我们反对拜金主义和见利忘义，但也不能只讲义、不讲利。

最后，我们要坚持义和利相统一的原则，应该见利思义，以义制欲。坚持义利兼容、德行并重的理念，必要时自觉地对个人利益加以节制或做出牺牲，保证社会整体利益的发展。同时，还要走出拜金主义和享乐主义的误区，营造健康和谐的优良社会风尚。

第十五课　人生价值与劳动奉献

名人名言

一个人的价值应当看他贡献了什么，而不应当看他取得了什么。

——爱因斯坦

人与社会是密不可分的，每个人都希望自己的人生是有价值、有意义的，如何才能在有限的生命历程中去创造无限的人生价值？人的价值如何去衡量？人生价值又通过什么途径去体现？任何一个人，总是作为价值的主体得到社会对自己的尊重和满足，只有这样才能在社会中得以生存和发展。所以，人们生活在社会中，衡量其价值大小的尺度，就是他对社会所做的贡献。贡献越大，价值越大，贡献越小，价值越小。没有贡献，则没有价值。

一、人生价值贵在奉献

（一）价值与人的价值

知识链接

价值与价格

在商品经济中价值是商品的一个基本属性，它代表凝结在商品中无差别的人类劳动，价值的多少通常通过货币来衡量，成为价格。根据新古典主义经济学的观点，物体的价值就是该物体在一个开放和竞争的交易市场中的价格，因此价值主要决定于对于该物体的需求，而不是供给。价值本质上是一种"关系"范畴，实际上就是事物以它自身的属性和功能对人的一种"满足"。比如：衣服、食物、房子、车子等产品满足人们最基础的衣食住行的需要，而图书、音乐等精神产品则满足人们精神生活的需要。因此，事物能满足人们的需要,就有价值。

日常生活中,人们常说的价值是指事物或者人能够满足人的某种需要的有用性的关系。我们通常把事物对人的需要的满足称为"物的价值",把人对人的需要的满足称之为"人的价值"。物的价值从本质上说是由人创造的,而人的价值必须是由人通过自身的努力以及发挥主观能动性的活动去创造。

知识链接

关于什么是价值和人的价值,中外哲学家们有着诸多的论述。孔子把"仁"作为人生的最高价值;荀子认为人生应该是先义后利,以义制利,更重视伦理道德的价值取向;古希腊哲学家苏格拉底提出"美德即知识"的命题,指明了美德的价值。

马克思指出:"价值这个普遍的概念,是从人们对待满足他们需要的外界物的关系中产生的。"在这里,马克思明确地指出,作为哲学范畴的价值,是人的需要同客体的一种关系,它表现为对主体的意义。一方面,作为价值的客体,必须对主体有意义;另一方面,客体也离不开人的需要,否则无价值可言。价值形成于客体对主体的有用属性与主体的需要的结合与统一中。

人的价值,是指人的一生对社会的延续和发展做出的贡献,它包括自我价值和社会价值两个方面。

1. 自我价值

自我价值是指在社会生活和社会活动中,社会及他人对作为人的存在的一种肯定关系,包括人的尊严和保证人的尊严的物质、精神条件,具体则表现为个人能力与相应的个人成就。

2. 社会价值

社会价值就是人作为社会人的价值。这是就人的共同性而言的,在这个基础上,当我们说一个人有价值时,立足点在于他是不是一个对社会有贡献的人。人的社会价值主要表现在创造,既包括创造物质价值,还包括创造精神价值。人的贡献越多,价值就越大。

3. 自我价值和社会价值的关系

人的价值是自我价值和社会价值的统一,两者缺一不可。

首先,两者是相互联系、不可分割的:一方面,社会中的每个成员,都应该为社会创造财富,实现个人的社会价值;另一方面,社会必须根据每个人对社会的贡献程度对个人给予相应的满足,从而实现人的自我价值。其次,社会价值是人的根本价值,是自我价值实现的基础。

一个人要想实现自己的社会价值就必须提高自己的技能,提升自我价值。一个没有自我价值的人是无法对社会做出贡献的。通过辛勤的劳动,得到社会相应的回馈,从而满足个人生存和发展的需要,是自我价值实现的过程,而做好自己的本职工作,为社会发展各尽所能,奉献社会,是社会价值实现的过程。通常来说,一个人通过自己的活动赢得社会的尊重和满足,他的自我价值才能得以实现。同理,一个人对社会做出切实的贡献,他的社会价值才能实现。一个对社会没有任何贡献,对社会不承担任何责任的人,可以说是一个没有社会价值的人。

人生故事

小和尚的人生价值

从前,有一个小和尚,他一直想参透什么才是人生的真正价值。于是,他就去问师傅。师傅拿出一块小石头送给小和尚,说:"你到菜市场去问问这块石头值多少钱? 不过千万别卖。"小和尚拿着这块石头来到了菜市场,有个人说:"这石头可以当玩具,给你2块吧!"又有人说:"这石头挺漂亮,可以做装饰,我出价10块!"就这样,你一言,我一语,最后有人愿意出20块买这块石头。小和尚回去对老和尚说:"师傅,有人觉得这块石头可以卖20块。"老和尚说:"不错,你再到黄金市场上去问问值多少钱,但是还是不要卖。"小和尚又跑到了黄金市场上,第一个人就出价1000块,接着2000,3000……最后有人出到了10万。小和尚高兴极了,跑去告诉老和尚:"师父,这块石头值10万块呢!"老和尚又说:"你再到珠宝市场上问问吧!"小和尚刚来到珠宝市场,就有人出价10万,接着20万,30万……最后有人出价到1000万。小和尚非常激动,很想卖掉石头,不过想起老和尚的叮咛,还是把石头拿回了家。

老和尚见小和尚回来,就问到:"你知道你为什么难以参透人生价值?因为有什么样的眼光,就决定有什么样的人生。你用菜市场的眼光来看待你的人生,人生价值就好比这块石头,在不同的环境里,意义就会不同。只要你自己看重自己,做擅长做的事情,自我珍惜并不断提升,生命就是有价值的。"

△▲想一想

通过小和尚的悟道的故事，想想你是怎样定位自己的人生价值的？

优秀的人和平庸的人的唯一区别就是优秀的人认为自己优秀，平庸的人认为自己天生无所作为。因此，对自己进行正确的人生定位至关重要。我们应该根据自己的兴趣爱好和特长等优势将自己定位在一个最能发挥自己长处的位置，选择适合自己的事业，不轻视自己，也不妄自尊大，以己之长立足社会，更好地实现自己的人生价值，同时也为社会做出应有的贡献。

(二)人的价值的评价

人生故事

悬崖小学的支教夫妻

李桂林和陆建芬是彝族村寨甘洛县乌史大桥乡二坪村的两位老师。甘洛县乌史大桥乡二坪村，是凉山北部峡谷绝壁上的彝寨，村民上下绝壁都要攀爬5架木质的云梯，进出极为艰难，村民一年难得下绝壁一次。就是在如此艰险的环境下，从汉族地区过来的李桂林、陆建芬夫妇扎根这里18年，把知识的种子播种在彝寨。最初到彝寨，村民的落后与贫苦深深地震撼了这对夫妻。强烈的同情心和民族责任感促使他们坚定了留在这里搞教育的决心。年复一年，日复一日，以教书育人为准则，他们培养了六届学生，共149人，其中有22人是从外村慕名而来的。因为他们的努力，这个过去的“文盲村”，现在变成了“文化村”。昔日的荒凉到今天的变化，与这两位老师付出的心血是分不开的，是他们为偏远山区的教育事业撑起了一片蓝天。

△▲想一想

在18年的教书育人过程中两位老师的人生价值得到了体现，我们在人生中怎样做才能获得自我价值与社会价值的统一，从而实现人生价值？

人生价值的最根本特点在于，它是人类的创造性的社会实践，所以衡量一个人价值的标准，主要看他对社会和他人需要的满足程度，即他为社会所做的贡献的大小。人的价值和物的价值不同，它们的实现方式也不一样，物的价值是人赋予的，它的价值不能自我实现。而人具有创造价值的能力，人的价值的大小，不在于他从社会及他人那里取得了什么，而在于个人通过劳动，为社会和他人所做了多大的贡献。

个人对社会的贡献是多方面的，但归根结底是物质贡献和精神贡献这两个方面。因此，衡量一个人的价值，既要看他在物质方面的贡献，又要看他在精神方面，如思想道德、科学精神、文化教育等方面对社会的贡献。个人价值和社会价值实际上是一个“予之”和“取之”的关系，古语云：“将欲取之，必先予之”。对自己克制、对别人感恩，对事情专注，对物品珍惜，以实现个人价值；分工合作，心存事业，不懈追求，才能更好地履行社会责任。

对于我们中职学校的学生来说，在实现人生价值的过程中，应该积极投身到各种社会实践中去，刻苦学习科学文化知识，为以后能更好地工作打下好的基础，这也是对社会的一种贡献。一方面在平凡的岗位上兢兢业业、恪尽职守，贡献自己的才能和力量，实现自己的人生价值。另一方面还要承担责任、勇于奉献，正确处理好自己与社会及他人的关系，将来努力在职业岗位上做出贡献。

（三）人生价值的实现

一般来讲，人生价值实现的过程可以分为以下三个方面：首先，个人要有价值能力，个人价值能力的充实和提高是实现人生价值的前提。其次，个人具有价值能力，对社会尽职尽责，做出贡献，全心全意为人民服务，这是人生价值形成的根本内容。最后，个人在对社会做出贡献以后，社会才对个人的贡献予以回报。这三个方面相互作用、紧密相连，人生价值才能最终得以实现。

人生价值的实现，需要一定的条件。这些条件既包括人生环境的客观条件，也包括个人的主观条件。

1.人生价值的实现需要一定的客观条件

具体来说，既包括一定的社会生产力发展状况、生产关系状况、社会制度及体制因素、科学文化教育等状况，还包括家庭、学校、工作及社会环境等因素。客观条件决定和制约着人们实现人生价值的创造力和积极性，决定着人们实现人生价值的机会和场所，对人生价值的实现起着重要的作用。

2.人生价值的实现需要创造必要的主观条件

在一定的客观条件下，人生价值的实现需要我们积极发挥自身主观能动性去创造必要的主观条件。

首先，要树立崇高的目标，这是追求人生价值的精神支柱。人们的行为都是有目的、有计划的，人的一生也需要有一定的理想或者目标，只有这样才能明确奋斗的方向，勇往直前。

其次，要用先进的科学文化知识来武装自己。只有用知识来武装自己的头脑和丰富自己的视野，才能够为人类创造更多的物质财富和精神财富，才能成为具有价值的人。

最后，要从自身做起，从现在做起，从点滴做起。努力奋斗，不断进取，是实现人生价值的必然过程。

人生故事

命运无轨道

福勒是一个黑人佃农的儿子，从小他就从事着繁重的体力劳动，生活异常艰苦。福勒的母亲是一位不寻常的女性，她经常把儿子叫到身边，有意识地反复向他讲述一个道理——一个人也许不可以改变自己的出身，但却可以改变自己的命运。关键是要有改变自己命运的想法和实际行动，而且要持之以恒。

小福勒的生命激情被点燃了，想要改变自己命运，让自己过得更有价值的想法一直激励着他发愤图强。长大以后，福勒挨家挨户出售肥皂达12年之久，他用他的真诚和勤奋获得了许多商人的尊重和赞赏。后来，福勒成为了肥皂公司的总经理，而且业务一天天做大，用自己的奋斗和努力改写了自己的命运。

后来，福勒在回忆当年的奋斗史时感慨地说道："在生活的大海上，你自己就是命运之船的舵手。一个人未来的人生走向及价值大小，要靠坚定不移的信念和踏实努力的工作造就，而与你出生在什么样的家庭无关。"

△▲想一想

你赞同福勒的观点吗？你打算怎样实现自己的人生价值？

当人们确立了正确的人生目标和价值取向后，奋斗就成为实现人生价值的决定性的主观因素。我们没有办法改变自己的先天条件，但是后天的努力和奋斗却可以为我们的成功插上翅膀。要实现人生价值就要将人的内在创造力发挥出来，对社会、对自己的存在和发展起到积极作用。人生价值的实现就是发挥自己主动性和创造性的社会实践过程。我们中职学生应该把握住人生发展的黄金时期，不断奋斗，在个人价值和社会价值的统一中实现人生价值。

二、在劳动奉献中实现人生价值

(一)劳动是一切价值的源泉

在现实生活中,要想获得自己想要的物品,该怎么做呢?答案就是——劳动。人通过劳动改造自然,创造属于自己的物质生活条件。通过劳动,人的一般本质得到了体现,人的各方面能力也得到了提升。《国际歌》中有这样的歌词:“是谁创造了人类幸福?是我们劳动群众,一切归劳动者所有,哪能容得寄生虫。”当然,也有人想要不劳而获,为此想出了各种各样的招数欺骗敛财,甚至有人傍富、啃老,像寄生虫一样活着,这样的人活得有价值吗?我们该如何实现自己的人生价值呢?俗语说“种瓜得瓜,种豆得豆”“一分耕耘,一分收获”,只有付出了才有可能收获,人生是不可能不劳而获的。只有靠艰苦努力才能实现人的价值,任何只顾享乐而不愿意付出的人,都不可能真正实现自己的价值。

人生故事

毛泽东的“责任田”

抗日战争时期,国民党在陕甘宁边区周围修筑了五道封锁线,隔断了边区和外界的交通,边区的经济发生了很大的困难。为了粉碎国民党的经济封锁,党中央发出了“自力更生”的号召,于是警卫班的战士们召开了生产动员会。

热烈的气氛惊动了毛泽东,他快步从窑洞里走了出来,来到了战士中间。毛泽东说:“这里的土地足够我们种植瓜果蔬菜了,我们还可以养猪,解决自己的吃肉问题。假如再能搞一个合作社,那大家的日常生活用品也不用发愁了。”开工那天,战士们经过毛泽东住的窑洞门口,看到里面灯光仍然亮着,就知道主席又熬夜了,所以谁也不忍心去叫他。大家蹑手蹑脚地从门口走过,生怕打搅了主席,不料还是被他听到了。没一会儿工夫,只见毛泽东扛着镢头找来了。他边走边说道:“不是说好了给我一块地吗?我的一份在哪儿呢?”“主席,您考虑革命大事,那么劳累,这开荒种地的小事就不用参加了。您的活,我们加把劲就都完成了。”战士们异口同声地说。“不行!不行!开荒种地是党的号召，我也不能例外。”在毛泽东的一再坚持下，大家只好给他划出了一亩地。毛泽东分到责任田后，只要一空下来，他就去一镢头一镢头地把地挖好，不久，地里便种上了黄瓜、辣椒和西红柿。夏天到了，毛泽东田里的西红柿结得又红又大，辣椒又尖又长，黄瓜沉甸甸地低垂着头，人们每走过这里，都禁不住要停下脚步称赞一番。毛泽东亲手开荒种田的消息很快传遍了延河两岸，军民大生产的劲头更足了。

△▲想一想

劳动不但创造物质财富，也创造精神价值，劳动的过程是汗水的付出，劳动的收获是累累的硕果。我们应该以怎样的态度面对劳动？

1.劳动创造了人自身

劳动是人类生活的第一个基本条件，劳动不单是一种自然力，它还具有社会性，正是这种社会劳动创造了人类本身。劳动创造人首先是手的使用。人类在劳动过程中手脚分工，直立行走，手的使用频率增加，手指更加灵活，促进了由猿向人的转变。同时对人的机体的其他部分的形成，尤其是对语言和大脑的发展起到了重要的作用。随着人们在劳动中的协作和交流不断深入，语言和思维推动了人脑的进化，反过来，大脑的进化又促进了人的语言和思维能力的发展。这些能力的发展都是在生产劳动中形成的，正是因为劳动，人类才能从动物中分离出来。

2.劳动是人类存在的方式

无论是人与自然还是人与社会的关系，都只能在人的劳动中并通过劳动才能产生、存在及发展。没有劳动，就没有随之形成的生产关系，也就无法产生人与社会、人与世界的关系。也就是说，社会生产关系的基础是劳动。

3.人在劳动中体现了自己的价值

正是在劳动中，人们既改造了外部世界，也改造了自身。人们在劳动中直接或者间接地获取了知识，而知识又为人们的行为提供了指导和帮助。通过劳动，我们使自己的认识更深刻，品德更高尚，能力更加强大，发展更加全面。所以，所有人都需要在劳动中增长见识，提高能力。

因此，劳动是人类最基本同时也是最重要的社会实践，是人类社会生存和发展的基本技能。劳动也是人的价值在人生中实现的途径，离开了劳动，社会的存在、发展和进步就成了无源之水、无本之木。我们应该尊重劳动、热爱劳动，在诚实劳动中奉献社会，实现人生价值。

(二)诚实劳动,在劳动中创造人生价值

人生故事

李嘉诚的致富经

1957年春的一天,李嘉诚在阅读新一期的英文版《塑胶》杂志时无意看到一则消息:意大利一家公司利用塑胶原料制造塑胶花,正全面倾销欧美市场。这则消息使李嘉诚敏锐地意识到:塑胶花也会在香港流行。李嘉诚抓紧时机,在引入塑胶花生产技术的同时,还专门引入外国的管理方法。学习回来后,他积极扩充厂房,争取海外买家的合约。由于他的资金仍然不足,生产设备很简陋,他无法更新设备,增加厂房和招聘技工,生产规模也不能够按照计划扩大。正当他无计可施时,一个意想不到的机遇来了。有位欧洲的批发商打算大量订购塑胶花,但是提出必须有实力雄厚的公司或个人担保。找谁担保呢? 李嘉诚找遍了所有的亲戚、朋友和银行,没有人愿意为他担保。第二天,在一家酒店的静谧而优雅的咖啡厅里,李嘉诚和订货商对坐着。有那么几秒钟,他们都没有说话,而是沉默地品尝着咖啡。接着,李嘉诚说:"很遗憾,我找不到担保人。"订货商说:"你很坦诚,你的真诚和信用,就是最好的担保。"这次的合作使李嘉诚从此站稳了脚跟,并在香港塑胶企业内有了相当的竞争市场,迎来了香港塑胶花制造业最辉煌的时期。李嘉诚回首这段岁月时说:"虽历经坎坷,但从未彷徨。""我深刻感受到:资金,它是企业的血液,是企业生命的源泉;信誉、诚实,它是生命,有时甚至比自己的生命还重要!"

△▲想一想

在李嘉诚的商业帝国中,诚信的行为为他赢得了机会与尊重。在以后的人生道路上,面对各种利益和诱惑,我们应该把诚信放在怎样的地位,才能开创更广阔的人生道路?

没有劳动,就没有人类社会的发展,不论是脑力劳动还是体力劳动,一切劳动都是光荣的,理应受到人们的尊重和承认。一个人的能力有大小,从事的工作和对社会的贡献也不同,但是只要是尽自己所能、诚实劳动,就可以成为一个有人生价值和被社会承

认和认可的人。

知识链接

习近平总书记曾在和全国劳动模范代表座谈时指出，劳动是财富的源泉，也是幸福的源泉。人世间的美好梦想，只有通过诚实劳动才能实现；发展中的各种难题，只有通过诚实劳动才能破解；生命里的一切辉煌，只有通过诚实劳动才能铸就。劳动创造了中华民族，造就了中华民族的辉煌历史，也必将创造出中华民族的光明未来。

“一勤天下无难事”。必须牢固树立劳动最光荣、劳动最崇高、劳动最伟大、劳动最美丽的观念，让全体人民进一步焕发劳动热情、释放创造潜能，通过劳动创造更加美好的生活。

劳动和奉献是实现人生价值的必由之路，人生价值只有在社会劳动中积极实践，才能得以实现。作为中职学生，不管将来我们会在哪个工作岗位上工作，都应该尽己所能，诚实劳动，做一个有价值的人，一个受到社会尊重的人。要自觉守法，不搞歪门邪道；要热爱本职工作，不好高骛远；要踏实肯干，不浅尝辄止；要积极创新，不闭门造车。同时，热爱劳动，以诚实劳动为荣，以好逸恶劳为耻。只有做到诚实劳动，自觉守法，热爱本职工作，既热爱劳动又乐于奉献，脚踏实地，用自己的双手去开创自己的未来，才能为实现中华民族伟大复兴的中国梦贡献自己的力量！

第十六课 人的全面发展与个性自由

名人名言

只有在集体中,个人才能获得全面发展其才能的手段,也就是说,只有在集体中才可能有个人自由。

——马克思

人的全面而自由的发展是社会进步的最高目标,实现人生发展,需要人的各方面素质全面提高。既要有健全的智力、健康的体魄、高尚的道德,还要有健康的心理、健全的人格和乐观积极的心态。除此之外,还应该具备各种劳动能力、审美能力及创造能力等。要实现人的全面发展,既离不开个人的主观努力,也离不开社会的进步和发展。除了全面发展,人们还不懈地追求着自由,并甘愿为之奋斗。个性自由与人的全面发展不能脱离现实的社会历史环境,只有充分利用现有的客观条件,才能在弘扬个性自由的同时促进人的全面发展。所谓"天高任鸟飞,海阔凭鱼跃",国家和社会都鼓励青年人通过刻苦努力和不断创新实现自由发展,因此青年人的成长和成才之路才能无限宽广。

一、人的全面发展的科学含义和条件

党的十八大明确指出,要把"促进人的全面发展"纳入中国特色社会主义道路的内涵,并强调"不断在实现发展成果由人民共享、促进人的全面发展上取得新成效。"这就意味着,中国特色社会主义把实现人的全面发展作为终极的价值追求,大大地提高了"中国梦"的感召力和凝聚力。

(一)人的全面发展的科学含义

人的全面发展是指人的各方面发展条件在互相促进中实现和谐的整体的发展,是克服了发展的片面性，全面而健康的发展，它强调的是人的丰富性和完整性。具体指人的自由意志得到自由体现、人的社会关系得到极大丰富、人的素质和能力获得全面提高、人的能力和个性获得充分发展。

知识链接

木桶效应

在管理学上有一个著名的“木桶效应”，是指用一个木桶来装水，如果组成木桶的木板参差不齐，那么它能盛下的水的容量不是由这个木桶中最长的一块木板来决定的，而是由这个木桶中最短的木板来决定，所以它又被称为“短板效应”。因此，在事物的发展过程中，“短板”的长度决定其整体发展程度。正如，一件产品质量的高低，取决于那个品质最次的零部件，而不是取决于那个品质最好的零部件；一个组织的整体素质高低，不是取决于这个组织的最优秀成员的素质，而是取决于这个组织中最一般成员的素质一样。此种现象在管理学中通常被称为“木桶效应”。

人的全面发展包括社会中每个成员的发展，而且每个人的自由发展是一切人自由发展的条件。社会和人生发展的经验告诉我们这样一个道理：在任何时候都不能走片面发展的道路。如果只追求眼前的利益和某一方面的发展，就会走进片面发展的泥潭，不仅不能实现个人的理想和抱负，甚至还会危害他人和社会。

人的全面发展有两个方面的含义，一是指提升人的生存和生活质量；二是指社会系统的全方位发展，通过个人道德水平的提升以及人的智力、体力、能力和创造力等各种潜能的发挥去推动社会的可持续发展。

人的全面发展和自由发展互为前提、互相促进。只有实现了人的全面发展，才能适应现代社会发展的要求，进而实现人的自由发展。要实现人的全面发展，除了依靠个人的主观努力之外，还需要社会的进步和发展做后盾，这就要求我们为实现全面发展创造必要的条件。

当前，我国正在大力推进素质教育，其目的就是促进人的全面发展。在客观条件下，国家和社会也为青年学生的全面发展提供了充分的可能。我们青年学生应该把握时机努力学习，积极锻炼并提升修养，实现自身的全面发展。

知识链接

马克思把人的发展过程概括为这样依次递进的三个历史阶段。

第一个历史阶段是对人的依赖关系阶段，包括原始社会、奴隶社会和封建社会。迫于低下的生产力发展水平，个人只能依赖于原始氏族、部落，或者依附于奴隶主，个人不可能获得对他人的独立性，因此不可能获得自由而全面的发展。

第二个历史阶段是“以物的依赖性为基础的人的独立性”阶段，即资本主义社会。这个时期人们看起来似乎相互独立并自由交换物品，但实际上却受到物的统治，陷入了对商品货币的依赖关系之中，个人的发展受到社会关系的压抑和束缚。

第三个历史阶段是人的全面发展阶段。在这个历史阶段，由于生产力高度发达和物质极大丰富，人的觉悟和素质有了极大的提高，人们的社会关系和社会生活极大丰富，人成为社会关系、自然界和自己的主人。在这个历史阶段，人们将获得全面而自由的发展。

(二)实现人的全面发展的条件

人的全面发展强调的是人的丰富性和完整性，实现人的全面发展离不开社会生活中的主客观条件。

首先，它需要以高度发达的社会生产力和物质条件为基础。正所谓“仓廪实而知礼节，衣食足而知荣辱”，当人们还不能解决自己的衣、食、住、行等问题的时候，基本生活都无法保障，根本不会想到自身素质的提高，更不可能获得全面发展。

生产力是决定人的全面发展的最终力量，只有以社会生产力和它所创造的社会物质条件为基础，才能实现人的全面发展。但是生产力的发展不能等同于人的全面发展，人的全面发展，还需要高度发展的社会关系。

其次，人的全面发展需要有相应社会环境的支持。在人生发展道路上，社会环境影响人生的进步，开明的社会制度对每个人的发展提供了支持和空间，为人的全面发展提供各种有利条件；封建的社会制度则限制了人们才能的提高，人的全面发展受到了制度的束缚和舆论的压力。

知识链接

中国女性高等教育始于1905年，中华基督教会创办的华北协和女子大学在北京成立，中国女子摆脱2000年的封建社会“三从四德”的束缚，终于可以和男子一样上学堂，受教育。此后各类教会女子大学在当时中国的一些相对发达地区也相继成立。1907年在福州成立了华南女子大学，1917年在南京成立了金陵女子大学，1919年北京国立女子师范学校改为“北京女子高等师范学校”，这是第一所由政府主办的中国女性高等学校，1920年北京大学首次招收3位女生入学，开创了中国高等教育男女同校的先河。

最后，自觉接受学习和教育，汲取人类的文明成果。自觉学习和接受教育，是实现人的全面发展的必由之路，只有具备了实现人的全面发展所需的知识，才能帮助人提升自身素质和修养，培养健全的道德人格。

（三）做德才兼备全面发展的职业人

知识链接

《国家中长期教育改革和发展规划纲要（2010—2020年）》把促进人的全面发展作为新时期新阶段我国中长期教育改革和发展的战略主题，强调要坚持全面教育。全面加强和改进德育、智育、体育和美育。坚持文化知识学习与思想品德修养的统一。加强体育，牢固树立健康第一的思想，确保学生体育课程和课余活动时间，提高体育教学质量；加强心理健康教育，促进学生身心健康、体魄康健、意志坚强；加强美育，培养学生良好的审美情趣和人文素养；加强劳动教育，培养学生热爱劳动、热爱劳动人民的情感。重视安全教育、生命教育、国防教育、可持续发展教育。促进德育、智育、体育、美育的有机结合，提高学生综合素质，使学生成为德、智、体、美全面发展的社会主义建设者和接班人。

在职业学校，通过接受教育使学生获得谋生的技能是职业教育的基本职责。的确，接受职业教育后学好技能并实现就业，是社会、学生和家长的共同愿望，但职业教育的目的不仅仅如此。为了实现人的自身发展和完善，需要启迪心智，培养和促进人的全面发展。因此，作为中职学生，我们在学习职业技能的同时，还应该主动融入社会，自觉主动地全面发展自己，做德才兼备的职业人，开创属于自己的精彩人生。

二、在社会发展中实现人的个性自由

（一）人与社会的发展

人的发展和社会的发展是互为前提的，人越是发展，就会创造更多的社会物质文化财富，人们的基本生活就会得到明显改善，社会就会越来越进步。同样，社会发展得越快,发展程度越高,就越能为人的全面发展提供所需的条件和支持。这二者是相互结合、相互促进、相互影响的。

我们中职生正处在人生发展的关键阶段,是树立人生理想、选择人生道路的时候,一定要走出片面发展的泥潭,树立全面发展的意识,从多角度、多方面提升自身素质和修养,为个人的全面发展打下坚实的基础。

首先,要不断加强道德修养,提升自身道德素质。教育的目的是实现人的发展,其终极指向是促进人的自身发展和完善。因此,我们不仅要在全面发展的基础上有一技之长,还应该注重自身道德修养的提升。

知识链接

"修齐治平"出自儒家经典《大学》,北宋著名理学家程颐、程颢两兄弟把它从书中抽出来单独成书。明代大儒朱熹将《大学》《中庸》《论语》《孟子》合编注释,称为"四书",与"五经"一起称为儒家核心经典。

《大学》开篇写道:大学之道,在明明德,在亲民,在止于至善。知止而后有定,定而后能静,静而后能安,安而后能虑,虑而后能得。物有本末,事有终始。知所先后,则近道矣。古之欲明明德于天下者,先治其国。欲治其国者,先齐其家。欲齐其家者,先修其身。欲修其身者,先正其心。欲正其心者,先诚其意。欲诚其意者,先致其知。致知在格物。物格而后知至,知至而后意诚,意诚而后心正,心正而后身修,身修而后家齐,家齐而后国治,国治而后天下平。

其中,"明明德"是指弘扬光明善良的品德。"亲民"是指让人革故鼎新。"止于至善"是指要达到最好的道德境界。

明明德、亲民、止于至善是三纲,格物、致知、诚意、正心、修身、齐家、治国、平天下是八目。八目是实现三纲的途径,在八目中,修身最根本。在八目中,前五个是向内修养,是为"内圣",后三个是向外立功,是为"外王"。也就是说先通过格物致知、诚意正心的修身功夫提升自己的道德水平,然后再用所学知识和所秉承的道德原则向外立德立功立言,治理家庭和国家,建立功业。

这是中国古代知识分子所崇尚的做人和做事的标准,激励着一代代有志之士朝着"内圣外王"的方向不断求索。

现代社会与封建社会相比,实现人的全面发展的条件更加完备。中国特色社会主义社会为青年学生的发展提供了良好的社会环境和制度保障。我们青年学生要利用这些良好的条件努力提高自己、发展自己。要注重学思结合,自觉培养思考能力、想象能力和创造能力,使自己在学习中思考,在思考中进步。要注重知行统一,坚持将课堂学习与生产劳动和社会实践相结合,使自己不仅学会知识,更学会动手和动脑,学会为人处事。要注重扬长避短,根据自身特点努力发挥自己的优势和潜能,使自己成为高素质的专门人才。要实现全面发展,必须在觉悟、素质和自我控制能力上多下功夫。努力提升自身道德修养,否则,仅靠一技之长而放弃了道德修养,迟早会走上人生的歧路。

人生故事

有才无德入歧路

2007年,憨态可掬的熊猫图标占领了无数电脑的屏幕,亿万用户叫苦连天,杀毒厂商焦头烂额,病毒作者也被黑客江湖追捧为“毒王”。这个“毒王”,名叫李俊。因为家境普通、成绩平平,李俊上了水泥厂附属的技校。在命运本来的故事里,他的人生,会按照父母的规划,像他们一样在水泥厂谋生,老去。但他热衷于电脑和网络,毕业后,他只身一人前往武汉市区打工——卖电脑,做网吧管理员——大都与电脑相关。在那个黑客“炫技”的时代,李俊试图通过制作一个“大项目”来证明自己的存在。他把和同伴共用的代号WHboy(武汉男孩)写入病毒,不久,他所编写的木马病毒开始肆虐网络。因为中毒的电脑桌面图标都会变成一个正在烧香的卡通熊猫——人们叫它“熊猫烧香”,并对病毒的始作俑者发出民间“通缉令”。李俊依靠销售“熊猫烧香”病毒盗取游戏装备,非法获利10万余元。在东窗事发后,李俊因为破坏计算机信息系统罪,被判处有期徒刑四年。

△▲想一想

李俊是一个计算机高手,但最后为什么落得一个锒铛入狱的下场?作为中职学生,我们应该怎样提升道德修养?

其次,要学好本专业知识,提高专业技能水平,培养动手能力。中职学生除了具备优秀的道德品质、扎实的专业理论知识以及积极健康的道德人格,还应该具备较强的理论联系实际的能力。只有一专多能、活学活用,才能在专业领域内有所建树。

人生故事

周宁芝和她的“品牌服务”

周宁芝毕业于宁波经贸学校，在校期间她担任过班长兼学生会学习部长，现为宁波市第二百货商店女装商场主任兼“宁芝专柜”组长。她用真情和热情赢得了顾客的赞誉和社会的好评，成为一名在岗位上创业成才，在服务中创新发展的模范。她创立了以“目标顾客三分法”“接待顾客八要点”“个性服务十一技巧”等为主要内容的“周宁芝品牌服务法”，在全市商贸系统中广为推广。“宁芝式服务”成为宁波市首个以个人名字命名的服务商标，被国家商标局正式注册。除此之外，她还先后被评为市“三八红旗手”、“市劳动模范”、全国劳动模范、全国先进女职工，还当选为中国共产党第十七次全国代表大会代表、新中国成立60周年为宁波建设做出突出贡献的先进模范。

△▲想一想

结合周宁芝的成长经历，谈谈你对将来职业人生的打算。

最后，坚持学习，不断提高科学文化素质。正所谓“活到老，学到老”，同学们现在正处在人生的黄金时期，只有不断学习，提升科学文化素质，才能在激烈的市场竞争中具备较强的发展后劲。而通过提升科学文化素质，成为一个高素质的劳动者和技术技能型人才，才能在众多的竞争者中脱颖而出。

（二）人的个性和个性自由的含义

1.人的个性

人的个性是就人的共性而言显现出来的个别性，是一个人在思想、品质、意志、性格、情感、态度等方面不同于其他人的特点。这些特点表现在外，就是一个人特有的言语方式、行为方式和情感表达方式，任何人都有自己的个性特征。

知识链接

人的个性由三部分组成，它们分别是：个性倾向性、个性心理特征和自我意识。

个性倾向性是指人对社会环境的态度和行为的特征，它决定着人的追求和选择趋向，包括需要、动机、理想、信念及世界观等。它是人的个性结构中最活跃的因素，也是一个人进行活动的动力，决定着人对现实生活的态度、趋向和选择。

个性心理特征是指个体在心理活动中比较稳定地表现出来的特征，主要指人的能力、气质及性格。能力是一个人成功完成某种活动的心理前提，气质是一个人典型的、稳定的心理特点，性格是个人对现实稳定的态度及行为方式。

自我意识是指个体对所有属于自己身心状况的意识，包括自我认知、自我调控、自我体验等方面，具体表现为自尊心、自信心等，它在个性系统中起自动调节的作用。

这些组成个性的成分和要素因时间、地点、环境及人的不同而互相排列组合，结果就造就了世界上在个性特征方面千差万别的人。

不同的人会有不同的个性。比如，有的人善良和蔼，有的人残酷暴虐；有的人大公无私，有的人自私自利；有的人敬业奉献，有的人好逸恶劳。要促进人的发展，必须以人类共同的法律准则和道德规范为依据，摒弃个性中的消极因素，提倡和发扬积极的个性特征。

2. 个性自由

个性自由，指个人的能力和潜质，按照个人的意愿得到充分而自由的发展。人的个性自由是在一定基础上和一定条件约束下的自由，它的发展程度与社会的发展程度相一致。

个性自由的人，对自己的行为和选择，拥有清醒的自觉，而非出于本能和条件反射，是有意识、有目的、有计划地开展活动；个性自由的人，能够客观地了解并支配和控制外部环境为自己服务；个性自由的人才是生活中真正的主人，能自主地选择和决定自己的生活方式。

人的个性自由是具体的。人的自由是在一定经济基础和社会历史条件下的自由，它的形成与社会历史环境密切相关，其发展程度也与社会的发展程度相一致。

人的个性自由是相对的。完全没有约束、不受任何限制的自由是不存在的。自由并不是随心所欲、为所欲为，真正意义上的自由是在遵守法律或者道德的前提下的自由。个性自由也表现个人的个性的多样性和丰富性。

知识链接

《西游记》中的孙悟空是一个彻底的叛逆者。他破石而出，大闹天宫，自称齐天大圣，始终无拘无束，无法无天，连玉皇大帝也拿他没有办法。即使后来戴上了紧箍咒，孙悟空也照样桀骜不驯。不过，他在保护唐僧去西天取经所经历的九九八十一难中，充分发挥了他的神通广大和勇敢机智的特点。在困难的磨炼中他最终净化了野性，获得了自由。

作者在《西游记》中,通过孙悟空这个充满原始意象和虚构的人物原型,表达了向往自由的意识,并从一个新的视角提出了对个性自由和社会约束的新看法。比如:观音菩萨对孙悟空使用紧箍咒,目的并不是想置其于死地,而是对孙悟空加以限制的前提下,充分利用他的长处。从《西游记》中我们可以看到:作者既肯定了个性自由的价值,又指出了升华个性自由的价值和途径,同时还指出了社会限制和规范个性自由的必要性以及道德自律上升为自觉行动的必然性。这也是社会中个性自由和社会约束之间关系的生动写照。

在现实生活中,我们应该正确看待个性自由与社会约束的关系。实际上,社会约束的存在是在促进人的社会化,细化的条文和规范将磨砺一个人的思想和意志,约束人们行为的同时,也促进了人们道德修为的养成。我们每个人的行为也应该以不扰乱法律规定的公共秩序为底线。

因此,在现实生活中,个人要处理好个性自由与社会约束之间的关系,每个人都应该在一定的条件下,尽可能把自己的特长和优势发挥出来,最大限度地创造自己的人生价值,同时,在实现自己的个性自由时,不能妨害别人的自由,任何人的自由都必须以保证社会和集体的稳定发展为前提。

3.实现人的个性自由

人的个性自由是一个人一生中不断追求的过程,也是个性不断发展的过程。正是因为有一个个各具特色、各有所长的个人,才构成了丰富多彩的社会。

人的个性自由的实现,既受到社会生产力发展水平的限制,也受到社会关系的制约。没有社会的发展,个人的发展就无从谈起。一方面,人越是发展,创造的社会物质文化财富就越多;另一方面,社会越是发展,就会为人的个性自由的实现提供更加丰富的物质文化条件。

人的个性自由发展就是要求人要成为独立的个体,而不是做他人的附属物。现代的职业教育也是按照人自身的内在要求和自我价值实现的需求来实现职业人生的发展,并通过系统化的教育和实践活动来挖掘人的自身价值。因此,我们要积极创造条件,实现人的个性自由。

作为新时代的中职学生,我们应该结合现有的社会生产力发展水平和客观条件来实现职业生涯的自由发展,通过理论学习和专业技能实践来挖掘自身的潜能和特长,实现人的全面发展和人生价值。在发展自我的同时,还应该增强服务社会和国家的社会责任感，把个人的成长和成才融入到祖国的建设和发展中去，做一个有理想、有道德、有文化、有纪律的社会主义新人。

人生充满着太多的未知和奥秘，我们在认识世界的同时，还应该关注自身的发展，探讨人与人、人与社会、人与自然、人生理想、人生价值、人生境界、人生归宿等问题。当我们能用哲学的观点和方法去思考这些问题的时候，那时才是真正的成长和进步。

人生不能虚度，人生对于每一个人都只有一次，每个人都要以这样或者那样的方式走完自己的一生。面对无法回头的人生，我们只能做这样三件事：郑重选择，争取不留遗憾；如果遗憾了，就理智地面对它并争取改变；假若不能改变，就勇敢地接受现实，不要后悔，继续勇敢前行。创造和享受美好人生，是每一个人的追求。同学们，有梦想就去追逐，行动起来吧！

做最好的自己，创造辉煌的人生！

第五单元　练习题

一、选择题

1. 关于人的本质，以下说法正确的是　　(　　)

①人的本质就是动物性

②人的本质是一切社会关系的总和

③人的本质归根结底是由社会关系中的经济关系决定的

④人的本质处在发展变化之中

A.①②③　　B.①②④　　C.①③④　　D.②③④

2. 人们常说"个人像大海里的一滴水"，这句话体现的个人与社会的关系是　　(　　)

A. 人的生存离不开社会

B. 社会的存在和发展离不开个人的活动

C. 个人与社会相互依存、密不可分

D. 社会比个人更为根本，起决定作用

3. "送人玫瑰，手留余香"给我们的人生启示是　　(　　)

A. 积极争取个人利益

B. 关爱他人就是关心自己，尊重他人就是尊重自己

C. 个人的发展离不开与他人的协作

D. 世界是普遍联系的

4. "各人自扫门前雪，不管他人瓦上霜"的做法是　　(　　)

A. 错误的，没有把眼光放长远

B. 正确的，维护了个人利益

C. 错误的，没有坚持利己与利他的统一

D. 没有对错之分，是个人处理问题的自由

5. 下列关于人的价值的表述，正确的一项是　　(　　)

①人的价值在于社会对他的回报

②人的价值在于缔造一番伟大的事业

③人的价值在于对社会的责任和贡献

④人的价值可以在默默无闻中实现

A.①②③④　　B.①②　　C.③④　　D.①②④

6. 闻一多先生在《红烛》一文中写道:“请将你的脂膏,不息地流向人间,培出慰藉的花儿,结成快乐的果子。”从这句话中我们可以看出　　(　　)

A. 真正的价值必须符合人类的根本利益

B. 人生真正的价值在于对社会、对他人的贡献

C. 精神贡献比物质贡献更可贵

D. 人生价值的实现必须以社会对个人的尊重和满足为前提

7. 对人的价值的实现与社会和他人的关系的认识,不正确的是　　(　　)

A. 二者是统一的,个人只有在与社会的统一中才能实现个人的价值

B. 人的价值的实现完全靠个人奋斗

C. 人在实践活动中实现自己价值的时候,必须利用社会和他人提供的各种物质条件和知识成果

D. 只有正确处理个人与集体、个人与社会、个人与他人的关系,才能在奉献社会中实现自己的价值

8. 以下有关人的个性自由,说法错误的是　　(　　)

A. 个性自由的人是生活中真正的主人

B. 人的个性自由是具体的、相对的

C. 个性自由就是无拘无束

D. 个性自由受社会约束

9. 人的全面发展包括　　(　　)

①社会中每一个成员的发展

②人的现实能力的发展

③人的素质的提高

④人的各方面发展条件在相互促进中实现和谐的整体发展

A.①②　　B.①④　　C.②③　　D.③④

10. 个性自由就是　　(　　)

A. 完全按照自己的欲望做事情

B. 自主地选择和决定自己的生活

C. 个人的能力和潜能,按照个人的意愿得到自由而充分地发挥和发展

D. 拥有自由支配的时间和空间,随心所欲地实现自己的愿望

11. 雷锋曾在日记中写道:“一个人只有当他把自己和集体事业融合在一起的时候才最有力量。”这句话表明 ( )

A. 人民群众是历史的创造者

B. 个人与社会是统一的

C. 个人活动受社会发展的制约

D. 个人活动影响社会发展

12. 马克思说:“在选择职业时,我们应该遵循的主要指针是人类的幸福和我们自身的完美。”这告诉我们 ( )

A. 要发挥自己的专长,就必须适合社会环境需要

B. 考虑问题要坚持两点论和重点论的统一

C. 实事求是

D. 社会的需要是第一位的

13. “人文奥运”是北京提出的具有独特价值的创新理念,对于它的价值的理解正确的是 ( )

A. 事物对人的经济价值

B. 事物对人的审美价值

C. 事物对人的积极意义

D. 人与事物的内在联系

14. 爱因斯坦说:“人只有献身社会,才能找出那实际上是短暂而有风险的生命的意义。”这句话强调了 ( )

A. 实现人生价值需要一定的社会环境

B. 实现人生价值关键靠个人的主观努力

C. 人类社会是由一切个人的活动构成的有机整体

D. 人的真正价值在于对社会的贡献

15. 认为“社会发展了,个人也就自然而然的得到发展”这种观点 ( )

A. 正确表达了个人与社会的辩证关系

B. 只看到了个人与社会的区别,没看到二者的联系

C. 只看到了二者的联系,没看到二者的区别

D. 错误地认为个人活动与发展必须依赖于社会的发展

二、问答题

1. 科学家马祖光说:“没有大家的努力,什么事也做不成。做学问也好,做事情也罢,首先一定要做一个高尚的人。”你是怎样理解这句话的?

2.有人说:“追求个人利益就是坚持个人主义。”这种说法对吗?为什么?

3.为什么说人的个性自由是具体的、相对的?

三、论述题

许振超是青岛前湾集装箱码头有限公司明港桥吊队队长、党支部书记。他凭着刻苦钻研的韧劲和顽强拼搏的进取精神,熟练掌握了桥吊驾驶和维修技术。练就了“一钩净”“无声响操作”等“绝活”,还带领他的团队创造了每小时接卸381自然箱的世界纪录。在平凡的岗位上创造了不平凡的业绩。获得了“市劳动模范”“全国五一劳动奖章”等荣誉称号。许振超同志的事迹在全国宣讲以来,在社会上引起了强烈反响,“振超效率、振超精神”成为时代的楷模。

(1)结合模范人物的先进事迹,谈谈个人与社会的关系。

(2)作为中职学生,你认为应该如何向许振超学习?